苏州市民办学校党建工作案例集

主编 刘四涌

SUZHOUSHI MINBANXUEXIAO
DANGJIAN
GONGZUO ANLIJI

苏州大学出版社
Soochow University Press

苏州市民办学校党建工作案例集

主　编　刘四涌

苏州大学出版社

图书在版编目(CIP)数据

苏州市民办学校党建工作案例集 / 刘四涌主编. -- 苏州：苏州大学出版社，2023.3
ISBN 978-7-5672-4344-6

Ⅰ.①苏… Ⅱ.①刘… Ⅲ.①中国共产党-民办学校-党的建设-案例-苏州 Ⅳ.①D267.6

中国国家版本馆 CIP 数据核字(2023)第 056017 号

书　　名：	苏州市民办学校党建工作案例集
主　　编：	刘四涌
责任编辑：	刘　海
装帧设计：	吴　钰
出版发行：	苏州大学出版社（Soochow University Press）
出 品 人：	盛惠良
社　　址：	苏州市十梓街 1 号　邮编：215006
印　　刷：	苏州工业园区美柯乐制版印务有限责任公司
E-mail：	Liuwang@suda.edu.cn　QQ：64826224
邮购热线：	0512-67480030
销售热线：	0512-67481020
开　　本：	710 mm×1 000 mm　1/16　印张：9.25　字数：147 千
版　　次：	2023 年 3 月第 1 版
印　　次：	2023 年 3 月第 1 次印刷
书　　号：	ISBN 978-7-5672-4344-6
定　　价：	39.00 元

凡购本社图书发现印装错误，请与本社联系调换。服务热线：0512-67481020

目 录

引 言 /001

一、充分发挥民办学校党组织政治功能 /003

党建引领民办学校健康发展 /005
党建引领 推进"一院一品"工程 /007
立师德 铸师魂 强师能 /010
引领学校发展 服务教育教学 /012
打造核心堡垒 推进学校发展 /015
红色引力 博慧先锋 /019
党建引领铸师魂 立德培根育新人 /022
举党建之旗 寻管理之法 谱写新篇章 /026
党建引领 融合发展 /030
党建引领把方向 园丁先锋聚力量 /033
以党建引领办学治校 提升育人质量 /037
成立党建协作区 推动民办幼教事业发展 /040
抓好党建促发展 遵循规律办幼教 /042
党建引领守初心 园丁支部显担当 /046
强化责任担当 激发内生动力 /049

二、充分发挥民办学校党组织组织功能 /051

"创先争优"助力高职学生成长成才 /053
素质技能双促进　党建业务双提升 /057
共情、共勉、共建　"红色伙伴"行动 /060
外地教师留校过年　别样"锋"味明亮心田 /063
提升组织功能　凝心聚力助发展 /066
结合教育督导　提升党建质量 /069
聚焦核心素养　提升教育质量 /073
"先锋有我"　支部在行动 /076
用"心"办教育　"融"大爱于新市民 /079
党员教师进社区　公益课堂亮初心 /084
打造"康佳幼教先锋"党建品牌　办老百姓满意的教育 /086
学党史庆华诞　砥砺奋进有我 /089
守初心　强党建　担使命　优质量 /092
守正创新　爱生乐教 /096

三、抓好思想政治教育和德育工作 /099

弘扬伟大建党精神　培根铸魂育时代新人 /101
坚持"四个聚焦"　强化课程建设 /104
深化"技艺结合"　强化思政改革 /108
党建融入教育教学　探索项目化教学改革 /111
传递中国声音　厚植家国情怀 /114
"三学""三会""三带"　传承红色血脉 /118
"党建+思政"　培根铸魂育新人 /121
"一带五"帮带　助力成长成才 /125
创新思政教育　推进一体化建设 /129
强社团基本建设　扬学校师生"三特" /132
加强课程思政建设　推进学校健康发展 /136
融融乐园　美美成长 /140

引 言

2018年9月10日，习近平总书记在全国教育大会上指出，各级各类学校党组织要把抓好学校党建工作作为办学治校的基本功，把党的教育方针全面贯彻到学校工作各方面。坚持和加强党建工作是民办学校健康发展的根本保证。为进一步提升民办学校行业党的组织覆盖和工作覆盖质量，进一步增加党在民办学校行业的号召力、凝聚力，不断提升基层党组织的组织力，苏州市创新民办学校领导管理机制，成立了苏州市民办学校行业党建专委会（以下简作"专委会"）。

专委会坚持以习近平新时代中国特色社会主义思想为指导，贯彻落实习近平总书记关于教育工作的重要论述，全面贯彻党的教育方针，推进《关于加强民办学校党的建设工作的意见（试行）》（中办发〔2016〕78号）落细落实，把党建工作贯穿于办学治校与教书育人全过程、各环节。坚持党建工作与依法治校相统一，建立完善现代民办学校治理制度，找准党建工作着力点，深化民办学校思政课程改革，选树行业党建典型示范。

各民办学校党组织坚持以政治建设为统领，落实立德树人根本任务，以"红色作为行业底色，党建引领学校发展"为工作思路，把思想政治工作贯穿始终，积极探索形成"园丁行动支部"工作法。一是强基垒土，厚植红色基因。建立全行业党建基础数据定期更新制度，根据实际情况分类、分段、分区域采取直播（独立组建）、植苗（选派党建指导员）、分植（联合组建）等方式有效推进"两个全覆盖"。在全覆盖的基础上，完善党支部、党小组、党员三级管理网络，让党的工作延伸至教育一线。二是精耕细作，深挖红色潜能。围绕立德树人根本任务，与学校主责主业融合，让"党建+"活跃起来，在服务方面下功夫，党建工作融入平常、做到经常，全方位统筹推进，全过程闭环管理，全行业分类指导，全要素深度融合，全领域共建共享。三是枝繁叶茂，点燃火热激情。党建与业务"同向互动，同频共振"，推广"三联三会""三培养"制度，优化红色讲师团，推行书记项目，用好党员教育实境课堂，建立书记工作室、红烛先锋队，成立教改突击队，为民办学校健康发展提供红色动能。四是漫山遍野，营造浓厚氛围。推行"书记带党员、党员带教师、教师带家长，促进学校发展、促进五育并举、促进家校共育"，培育"一校一品"党建文化特色校，按照"率先选树一批、重点培养一批、长远储备一批"的原则，制订"园丁先锋"培树计划，充分发挥先进典型在民办学校党建中的引领带动作用。

专委会结合民办学校党建工作实际，深化、细化苏州基层党建"活力先锋"和"行动支部"品牌，共建共享"红色学堂"行业党建品牌。其内涵，一是民办学校始终坚持党的全面领导，全面贯彻党的教育方针；二是民办学校党建工作助推民办学校治理体系和治理能力现代化；三是围绕立德树人抓党建，不是静态概念，而是指动态担当作为，旨在抓好党建促健康发展；四是"学堂"在吴方言里是"学校"的意思，"红色学堂"特指立足苏州，满足人民群众对多元化教育的需求，办人民满意的民办教育。

一

充分发挥民办学校党组织政治功能

民办学校党组织是民办学校中的战斗堡垒。民办学校党组织要坚决履行职责,保证政治方向,在凝聚师生员工、推动学校发展、引领校园文化、参与人事管理和服务、加强自身建设等方面充分发挥政治功能。

党建引领民办学校健康发展

2020年11月12日，习近平总书记在参观南通博物苑时指出，张謇在兴办实业的同时，积极兴办教育和社会公益事业，造福乡梓，帮助群众，影响深远，是中国民营企业家的先贤和楷模。2021年4月6日，习近平总书记在致信祝贺厦门大学建校100周年时，特别提到著名爱国华侨领袖陈嘉庚先生。半年之内，习近平总书记两次提到兴办教育，民办学校举办者既感到精神振奋，又倍感责任重大，使命光荣。民办学校理当见贤思齐，厚植家国情怀，担当社会责任。

一要坚持党对民办教育的全面领导。民办学校举办者应与祖国同呼吸、与民族共命运，不忘立德树人初心，牢记为党育人、为国育才使命，砥砺前行，致力于国家富强、民族复兴、社会进步。坚定社会主义方向，扎根中国大地办教育，全面贯彻党的教育方针，落细落实有关民办学校党的建设工作部署要求，从党的百年奋斗历程中汲取前进的智慧和力量。深刻领悟习近平新时代中国特色社会主义思想，深刻把握教育领域全面深化改革的主要内容，深刻认识国民经济和社会发展第十四个五年规划及2035年远景目标的建议，对标《中国教育现代化2035》的目标和任务，锚定教育高质量发展要求，办人民满意的民办教育。

二是坚持民办教育的公益性属性。教育，一头连着经济社会发展、国家民族前途，一头连着每一个孩子的命运、每一个家庭的未来，是国之大计、党之大计。民办教育事业属于社会公益性事业，是社会主义教育事业的重要组成部分。依法依规办理分类登记管理，民办学校举办者可以自主选择设立营利性或者非营利性民办学校。但是,不得设立实施义务教育阶段的营利性民办学校是行业法则。良心的行业不能变成逐利的产业,绝不允许打着教育的旗号侵害群众利益、破坏教育生态,阻碍教育事业健康发展。

三是坚持中国特色社会主义民办学校管理制度。建立健全民办学校制度既是民办学校高质量发展的核心竞争力,也是提高民办学校教学质量的重要因素。要实现中国特色社会主义民办学校治理能力现代化,民办学校举办者就必须夯实学校章程在办学治校方面的法治基础,完善法人治理结构,实行董(理)事会领导下的校长负责制,规范董事会决策、校长执行、监事会监督、党组织政治核心职责边界等,积极探索中国特色社会主义民办学校管理制度的苏州经验。完善民办学校董(理)事会、监事会和党组织日常沟通协商机制,党组织支持学校董(理)事会和校长依法依章行使责权、开展工作,把党建工作作为办学治校的基本功,推进党建与业务融合,助推民办学校健康发展。

党建引领　推进"一院一品"工程

为进一步突出资源优势,引导基层党组织整合基层党建的要素资源,擦亮党建名片,苏州高博软件技术职业学院实施了"一院一品"基层党建书记项目,积极探索将教书育人、专业建设等中心工作与党建工作深度融合、相互促进,将党建工作渗透到、服务于以专业建设为龙头的各项工作,助推学校各项工作有效落实,取得了一定成效。

一、项目背景

苏州高博软件技术职业学院各基层党支部以"提质增效"三年行动计划的"特色化建设年"为抓手,探索党建工作新方法,以形式多样的党建活动为载体,将党建工作有效地融入二级学院教育教学、科研中心工作,探索党建与育人、教学、科研相互"融入"的有效方法,创建每个学院的党建品牌。结合本支部工作特色,深入开展"一总支一特色,一支部一亮点"活动,充分发挥项目示范导向、辐射带动作用,进一步提升党建工作服务发展的功效。2022年,艺术与建筑学院入选首批江苏省党建工作样板支部培育创建单位。

二、主要做法

(一)聚焦思政工作,落实立德树人

思政课是落实立德树人根本任务的关键课程。党史教育是思政课的核心课程,思政课教师要发挥思政课主渠道、主阵地的作用。人文社会科学学院直属党支部将党史学习教育融入立德树人大课堂,立足思政课堂,把党史学习教育与思想政治教育有机融合,用好课堂主阵地。进一步深化课程内容改

革，通过开展党史专题教学、党史素材融入课程、党员"微课堂"等活动，增强党史内容的立体感，提高学生学习兴趣，落实育人目标。将党史案例素材灵活融入其他课程的教学环节，以推进课程思政改革创新，实现课程思政全覆盖。目前已有11个课程思政项目结项，其中公共英语课程思政获评为江苏省职业教育课程思政示范课。

（二）聚焦科研水平，提升党建引领力

机电工程学院党总支秉承支部建在学科专业上的理念，把党建工作和专业建设紧紧联系在一起，突出专业优势和特点。按照研究方向划分科研团队，举行学术汇报并对项目工作进展进行介绍，机电工程学院教工党支部结对青年教师，2021年新申请22项发明专利、5项实用新型专利，授权7项发明专利；科研项目验收10项；发表论文19篇、出版教材5种等。定期召开"三会一课"，在教师党支部书记"双带头人"的带动下，将学科前沿、理论热点、研究动态和课题申报以党员活动的形式进行专题讲解，发挥党支部的辐射作用，带动身边非党员教师一起加入科研团队，形成专业融合、优势互补的长效提升机制。

（三）聚焦志愿服务，提高基层组织力

医学与公共服务学院直属党支部主动适应社会发展需要，结合护理、老年保健与管理、健康管理等专业，积极探索实践，努力提升教育教学水平和人才培养质量，不断增强服务社会能力。组织师生党员送教上门、健康宣教等多种活动，紧贴日常养老需求，对苏州高新区阳山敬老院（护理院）45名护工开展服务与沟通、照护、感染防控、康乐活动等培训。机关党总支的学生资助管理中心以"贴心暖心"为目标，在爱心小屋开展"寒冬送温暖，真情暖人心"活动，为298名贫困学子送上御寒物资。人文社会科学学院直属党支部聚焦三点发力，找准学生"需求点"，着力问题"关键点"，抓住问题"连接点"，深入推动"我为群众办实事"实践活动落地见效。

（四）聚焦专业化建设，促进内涵发展

课堂教学改革是学校内涵发展的重要组成部分，青年党员教师更是发挥着领头雁的作用。艺术与建筑学院党总支积极推行"项目课程化，课程项目化"教学改革，以实现课程与项目的双向整合。设立党员先锋岗，党员教师带头创新教学内容，创新教学方式和创新服务机制，将党史学习融入专业课堂,以调动学生的学习兴趣。信息与软件学院党总支结合学生教育与管理工作,理论联系实际,党员教师带头讲,党员教师主动走进综合开放实训平台,带领学生从事趣味性极强的软件开发实践,如自动机械臂编程、智能寻踪小车编程等,以激发学生的专业兴趣,鼓励学生更好地投入专业课学习。

(五)聚焦党建联盟,增强党建影响力

按照"党建引领、组团服务、共建共享"的原则,由社区党工委牵头,组建区域党建联盟,激活党建工作驱动力,增强党建工作影响力,聚合党建工作凝聚力。国际商学院党总支与苏州高新区青山绿庭社区签订党建共建协议,加入党建共建联盟。联盟单位从自身优势、建设经验着手,以达成需求方与供给方的双赢局面,推动区域党建融合,形成块状聚力。国际商学院党总支与共建单位举办了一系列活动,如利用社区共建平台开展"童心向党,童画传情"暑期社会实践活动,参与苏州高新区"文行高新 秀美山水"非遗体验与传承活动等。

三、特色亮点

学院党委党建工作主要有三个特色亮点。

第一个特色亮点是以"一院一品"为平台,各学院把各方资源进行有效整合,构建开放互动的党员教育体系。通过思政大课堂建设工程、党员志愿服务工程、教学改革工程等,把学生的思想教育、教师教学、志愿服务等资源进行有机整合,作为党员导航的活动内容,使一个党员成为一面旗帜、一个党组织成为一个战斗堡垒,助推学院发展。

第二个特色亮点是用"硬办法落实硬任务",使基层党建工作看得见、摸得着。"一院一品"党建项目在推进中坚持高标准、严要求,校党委通过强化项目实施、监督和考核,推动基层党组织像抓品牌、抓项目、抓工程一样抓党建,构建了学校党委、党总支、党支部上下联动、齐抓共推的党建工作格局,集中优势资源优势力量,切实提升基层党建工作质量。

第三个特色亮点是一批富有特色、深受欢迎的党建项目落地生根,从而凝聚了师生党员。思政大课堂、课程项目化教学改革、专利发明申请等活动有力地引领党风、教风、学风;结合品牌专业特色,开展志愿帮扶活动、党建联盟共建等,有力地打响了专业知名度,形成了一批富有特色、创新性强的党建品牌。

(苏州高博软件技术职业学院党委)

立师德　铸师魂　强师能

博雅学院是苏州百年职业学院重点打造的特色二级学院，主要承担全校的外语教学和商务英语专业的人才培养任务。学院设有商务英语专业、CC英语课程组和大专英语课程组等三个英语课程群组，致力为全校师生营造国际化校园环境，为学生出国留学、国内升本和优质就业等多元需求提供全方位的外语教学方案。

在博雅学院师资队伍建设中，师徒制是培养青年教师的一条重要途径，也是该学院支部书记项目。其价值主要体现为优化青年师资队伍结构、坚持专业化发展方向、提高教师教学能力与科研水平、增强教师应用技能，不断完善博雅学院外语教学资源库，更好地利用党员骨干教师丰富的教学经验和教学优势，发挥党员骨干教师对青年教师应有的教学指导和模范带头作用，促进青年教师迅速成长，增进教师间的业务交流，实现相互学习、共同促进的目标，从而提高学校师资的整体水平，提高教学质量，同时为深化教学改革夯实基础，为持续开展高水平职业教育建设提供师资保障。

一、充分发挥师傅教师"三带"作用

作为师傅教师，在带徒弟教师的过程中要做到"三带"：带师德——教书育人，为人师表；带师魂——敬业爱岗，无私奉献；带师能——教育教学与教育科研的基本技能。

师傅教师应全面关心徒弟教师的工作、学习、生活和思想，了解徒弟教师的日常工作情况，指导徒弟教师及时调整工作目标和工作方法；向徒弟教师介绍教学经验、提供教学信息、推荐学习书刊，使徒弟教师树立正确的教

育思想和现代教育理念；精心指导徒弟教师拟定教学计划、做好备课工作，对于上课、批改、辅导等教学环节也要做到事无巨细，给予关心指导。同时，鼓励、指导、帮助徒弟教师积极参加各级各类竞赛活动，使其得到更多的锻炼和提高。

二、徒弟教师做好"三学"，练就过硬本领

徒弟教师要做到"三学"：学为人——遵纪守法，诚实正直；学思想——学习教育教学理论，树立先进的教育理念；学本领——熟练掌握教育教学和科研的基本功。

徒弟教师在师傅教师的帮助下，应对自身的教学情况和业务水平进行认真全面的剖析，明确需提高的方向和成长途径，认真钻研教学环节，主动请求师傅教师的指导，虚心接受师傅教师的意见，对师傅教师指出的不足要仔细研究，及时改进和提高。徒弟教师应主动邀请师傅教师亲临课堂指导自己教学，在教学中遇到疑难问题要主动请教师傅教师，在师傅教师的指导下加以解决。徒弟教师应虚心向师傅教师学习，随时接受师傅教师的检查，及时改进自己的工作和教学方法。另外，徒弟教师还要在师傅教师的指导下，积极参加教研组、学校、省（市）组织的各类竞赛活动。

三、相互学习，共同进步

师傅教师和徒弟教师相互听课，并认真做好听课记录。师傅教师根据自己的经验与听课结果，在听课后给予徒弟教师正面、积极的反馈，同时也指出问题和不足，帮助徒弟教师快速、精准地加以修正，使其不断提高教学能力；徒弟教师在听完师傅教师的课后，结合师傅教师的反馈，认真撰写听课笔记（围绕"report and motivation""the learners""classroom management"三个部分撰写），针对课堂重点关注环节进行反思、总结、消化、吸收师傅的经验，最终为己所用，并能取长补短。

（苏州百年职业学院博雅学院党支部）

引领学校发展　服务教育教学

常熟伦华外国语学校位于风景秀丽的昆承湖畔，2011年由政府投资建成，交伦华教育集团全面管理。目前，学校实施从幼儿园到高中15年一贯制教育，现有学生2000余名。学校党总支下设4个党支部，现有党员59名。学校牢固树立"引领学校发展，服务教育教学"的党建工作理念，以提高党员教师的整体素质为抓手，将党建工作与教育教学工作有机融合，打造"博慧·党建"三大工程，全面提升了党总支党建工作的水平。

一、学党史，着力打造"红色堡垒工程"

学校各党支部以学党史为抓手，着力打造"红色堡垒工程"。主要采取分层推进的方式，积极开展党史学习教育。一是集中学。利用"三会一课"，开展党史教育专题学习，做到党员学习全覆盖。二是自主学。通过"学习强国"学习平台，引导全体教师主动学习党史，撰写学习笔记，推动党史学习教育落地见效。三是"外教也在学"。学校党总支非常重视对外教团队渗透国情教育，带领外教团队走进苏州博物馆，对他们进行渗透国情、地方志教育，让他们感受中国共产党领导新中国取得的翻天覆地的变化，以激发其对中国共产党的敬仰之情。四是深入基地沉浸式学。学校毗邻红色地标革命根据地沙家浜，学校党总支就将党史学习与当地得天独厚的革命资源结合起来，创新党史教育模式。2021年，恰逢中国共产党百年诞辰，学校党总支多次组织党员教师分批去沙家浜革命历史纪念馆进行沉浸式的考察与学习，广大党员教师在当地资源中深受红色革命文化的熏陶。

学校各党支部围绕立德树人根本任务，突出在青少年中开展党史学习教育，开展"回眸百年党史 赓续奋斗精神"党史学习教育主题活动，将主题教育活动与教育教学统筹起来，充分发挥第一课堂与第二课堂的协同作用，增强育人实效。学校积极利用宣传橱窗、走廊通道、LED显示屏滚动播放党史学习教育宣传片，大力营造党史学习教育的浓厚氛围，将党史教育寓于校园文化环境中，融入校园文化建设中。同时通过唱红歌、讲演英雄故事、书写红色诗词等丰富的活动，彰显"活动载体"功能，丰富青少年党史学习教育的形式。

学校党总支紧紧依托"学党史"这一党建工作抓手，致力筑牢基层党组织这一"红色堡垒"的坚实基础。

二、强引领，全力打造"党员先锋工程"

筑实"红色堡垒"，也孕育着党员教师政治思想的高度自觉。学校党总支在全体党员教师中开展"先锋工程"活动，大力宣传先进党员的事迹，开展"感动常国"人物评选，及时表彰先进，树立典型，辐射全体。党员教师们以朴实的作风、高尚的师德、敬业的精神，给广大教师树立了好榜样，传递了正能量。

2020年，新冠病毒肆虐，学校党总支及时学习贯彻党和国家关于疫情防控的重要指示精神，把做好疫情防控工作作为践行"两个维护"的具体行动。疫情防控期间，党员教师始终保持战斗状态，在疫情防控中当先锋做表率，凝聚防疫正能量，充分发挥基层党组织的政治引领和战斗堡垒作用，展现了共产党员的担当奉献和先锋模范精神。

党员教师在学校日常教育教学工作中勇挑重担、主动担当，带头进行课题研究并发表论文。党员教师在教育教学上硕果颇丰，获评为学科带头人、优秀教育工作者，荣获教学基本功大赛一等奖等捷报频传。党员们的先锋模范作用，带动了学校师资队伍的整体优化，推动了教育教学质量的整体提升。

三、树品牌，聚力打造"党建示范工程"

"博融天下、慧悦人生"是常熟伦华外国语学校始终坚守的教育初心和办学使命。学校党总支牢固树立"引领学校发展、服务教育教学"的党建工作理念，积极探索并深化"博慧·党建"的特色，聚力打造党建示范工程。学校党总支认为"博慧教育"就是旨在"办不一样的教育，让更多孩子享受到优质的教育资源"。不管是课程还是课堂,不管是教师还是学生,都离不开党组织对教育全程的引领与服务。学校党总支坚持与实践以党建引领求学、求新、求和的博慧组织,以党建融合愉悦、自由、碰撞的博慧课堂,以党建培育爱生、敬业、有发展的博慧教师,以党建塑就创新、独立、有担当的博慧学生。学校党建工作通过与教育教学的全面融合,走出了"博慧·党建"品牌之路。2020年,学校党总支在"博慧·党建"下实施的"聚焦博融慧悦素养,追逐教育使命航向"项目,获评为苏州市中小学校"一校一品"党建文化品牌项目建设成果。

常熟伦华外国语学校全力实施党建"三大工程"——"红色堡垒工程""党员先锋工程""党建示范工程",以"学党史"筑就了组织的"好"作用,以"树先锋"带动了教师"优"成长,以"创品牌"坚实了校园"红"文化。"三大工程"为学校教育发展提供了坚强的政治保证、思想保证和组织保证。

(常熟伦华外国语学校党总支)

打造核心堡垒　推进学校发展

苏州市吴江区苏州湾外国语学校（原名"北京外国语大学附属苏州湾外国语学校"，英文缩写为"SIA"）创办于 2015 年 9 月，截至 2022 年，有 2200 名学生，400 名教职工。学校秉持"Come Here Go Further（来这里，走更远）"的办学理念，以"高端精致的国际化学校"为办学目标，培养"身心健康、学业优秀、气质高雅、民族根基、世界眼光"的人才，塑造"中国的国际人"和"国际的中国人"，实现素质教育与优秀升学教育的统一。

苏州市吴江区苏州湾外国语学校是"两新组织（新经济组织和新社会组织）"中的一员，学校党支部坚持以马克思列宁主义、毛泽东思想、邓小平理论、"三个代表"重要思想、科学发展观、习近平新时代中国特色社会主义思想作为自己的行动指南，坚持担负"两新"组织党支部的职责使命，进一步宣传和执行党的路线、方针、政策，教育管理党员，引领服务群众，坚持核心导向，打造核心堡垒，推动事业发展。

一、党支部核心导向：锚定办学思想

思想是办学的灵魂，只有明确办学方向，学校才能稳定发展。学校党支部委员与管理团队在思想上、政治上、行动上与上级党组织保持高度一致，经常与理事会成员、学校行政积极推动办学理念、办学思想的贯彻落实，并由支部牵头组织各部门大胆实践。

学校通过支委会议、教代会和行政会议，讨论确定《学校行动纲要》《学校章程》《学校组织架构》《办学设想简表》《北外苏州附校几个基本认识》，组织全体党员干部和教职工学习，不断明确实现办学目标的具体表现，即实现素质教育与优秀升学教育的统一、实现苦学向乐学的转变、实现国内扎实的基础课程与国外个性化课程的融合、实现培养目标由基础要求向高端要求的提升。

就课程而言，除了必修课程、链式课程、实践课程之外，从幼儿园到小学、初中、高中，学校开设了100多门选修课程，涵盖了艺术类、体育类、科学类、文化类课程，为教师搭设了广阔的舞台，为学生提供了"课程超市"，以培养学生的综合素养。学校的各种创意、课程、活动、平台，给学生提供了更大的成长空间。

二、党支部强力引领：夯实党员素养

学校党支部强调引导党员与教职工提升政治品质和综合素养，通过"微党课"保持着引领作用的经常性和示范性。

（一）支部书记上"微党课"

学校党支部通过"微党课"组织党员学习，积极开展思想政治教育活动，如组织思想政治教育、党务党规学习，宣传办学理念、办学思想，明确办学目标的具体内容与要求等。学校党支部书记的"微党课"《"三尺讲坛"有担当》获评为苏州市十佳"微党课"。

（二）党小组也有"微党课"

幼儿园、小学部、初中部、高中部、服务部等教学和服务部门的党小组积极开展教育活动，加强教职工党员意识的培养，促进其提升业务技能和素养。通过部门"微党课"活动，提高党员教师的政治觉悟。

（三）"微党课"主题成系列

"微党课"的主题主要有"不忘初心、牢记使命"主题教育、践行习近平新时代中国特色社会主义思想、"两学一做"学习教育、"党员一句话承诺"、学习宣传贯彻十九大精神、"四史"学习、"SIA之星"表彰、教师专业素养提升等，内容丰富、形式多样，党员教师的政治觉悟明显提高，教学业绩优异。

"微党课"鼓励全体党员教师投入教育实践，率先行动，展示党员风采。党员群体与学校发展融成一体，党员和群众拧成一股绳，推进事业快速发展。

三、党支部着力推进：做优主题教育

学校注重教职工的岗位能力培养和专业素养提升。学校党支部从理想信念、党纪党风、执行能力等方面提升党员教师的能力素质，强化党的意识和组织意识，增强责任感和使命感，通过"请进来、走出去"等形式积极开展党员教育活动，具体如下。

在 SIA 外语节、合唱节活动中，用外语讲述中国共产党的故事，开展"党员教师讲故事""党员教师唱红歌""党员教师上示范课"等活动，师生同台，共同唱响未来。

2021 年学校体育节的主题是"庆祝建党百年"，各单位通过方队形式展示建党百年形成的精神谱系：红船精神、井冈山精神、长征精神、南泥湾精神、西柏坡精神、长津湖精神，雷锋、焦裕禄、孔繁森精神，大庆、红旗渠精神，以及改革开放、"两弹一星"、载人航天、抗震救灾、探月工程、奥运、抗疫等精神。2022 年学校体育节的主题是"团结心向党，喜迎二十大"，各部门精心设计，用方阵的形式表达团结一心、爱党爱国的精神，用高亢的口号、整齐的队形表达"请党放心，强国有我"的决心。

学校开展开放式主题党日活动"学习新党章，做 SIA 先锋"，苏州市发改委 1~4 支部，以及科林（苏州）环保科技有限公司、苏州市吴江区爱贝少儿英语培训中心、苏州市吴江区松陵团结小学、苏州市吴江区格林幼儿园等单位的 30 多名党支部书记、党员来校观摩交流，获得了社会的好评和点赞。年轻党员于晓静在东太湖度假区基层党组织书记专题培训班上以"延安精神：民族怒吼穿越时空"为题授课，获得一致好评。2020 年初疫情突发，学校率先开展线上教学活动，全学段、多学科全面铺开，进行原创性网络直播教学，受到学生家长的一致赞誉。

一系列活动强化了思想政治引领，树牢了"四个意识"，坚定了"四个自信"，坚决做到"两个维护"，确保正确的办学方向，推动学校健康可持续发展。

四、党支部全力提升：亮出党员风采

学校把教职工的成长和发展作为重要工作内容，突出培养与使用，开展党员"双亮活动"——亮身份、亮承诺，展示党员风采，接受群众监督。"不忘初心，恪尽职守"（尤文亮）、"做有理想有担当的教育人"（罗天涛）、

"多学习与实践,多投入与服务"(严永兴)、"本本分分做人,踏踏实实做事"(吴梅香)、"用心看事,用心谋事,用心做事,用心成事"(王钱海)等一句话承诺,不仅是一种提醒、鞭策,更是一种责任,从严规范党员教师的从教行为。

党员教师的先锋模范作用凸显,学校教育教学成绩喜人。小学部参加吴江区学科调研优秀率在90%以上,初中部5届中考毕业生100%升入四星级高中,国内高中部一批学生被北京大学、南京大学、香港中文大学(深圳)等名校录取,国际高中部毕业生100%被剑桥、牛津等世界排名前100的大学录取,学生的综合素质全面提升,特长鲜明,真正实现了素质教育与优秀升学教育的统一。学校被评为"苏州市中小学'一校一品'党建文化品牌项目建设特色学校""苏州市民办教育先进集体"。

(苏州市吴江区苏州湾外国语学校党支部)

红色引力　博慧先锋

苏州科技城外国语学校党总支（以下简作"苏科外党总支"）成立于2016年5月，随着学校的发展与壮大，目前共有党员95名，设有3个党支部，这些党员中既有一线教师，也有行政人员。学校将党建品牌建设与学校教育理念有机结合，凝练出"红色引力，博慧先锋"的党建品牌，以提升学校党组织"引的能力"、党员教师"带的实力"、群众教师乃至学生与家长"跟的定力"。

苏科外党总支把党建工作与教书育人工作深度融合，以师资建设、德育工作、创新发展为抓手，充分发挥党员先锋模范作用，增强党员的先锋意识，使阵地有形、管理有形、党员有形、成效有形。

一、政治引领：以党建之力促进学习与提升

苏科外党总支以"博慧先锋书架"为中心，依托"博慧书院"教师学习平台和"博慧先锋云支部"微信小程序，采用线上学习与线下学习相结合的方式，建立了博慧学习社区，让党员教师能够利用碎片化时间学习政治理论。苏科外党总支依托红色教育基地，将党史学习的课堂延伸到校外，每年组织党员前往延安、中共一大会址、苏州革命博物馆等红色教育基地，重温历史、砥砺前行。学校按照苏州市党员先锋书架的标准设置"博慧先锋书架"，陈列党的文献等红色书籍，以方便党员学习。此外，苏科外党总支每年举办一次"博慧先锋"讲坛，为博慧先锋党员和先进教师提供分享经验的平台，也作为其他党员教职工学习的平台。

二、继承创新：以党建之力推动教育创新与发展

苏科外党总支成立了博慧党员创新工作室，积极参与教育创新活动。学

校部分在德育、心理辅导方面有经验的党员，成立了博慧德育导师组。他们不仅是学生成长的心灵导师，同时还在各个年级开设生涯规划课，以引导学生尽早规划未来，树立理想大志，健康成长。同时学校还设置温馨的"心灵驿站"，为师生提供心理辅导。该团队每学期都会组织心理团建、心理游园会、心理讲座等活动，让学生打开心扉、释放压力，以提高学习效率。

由赵士田同志带领的"STEAM中心"基于学校课程框架，重构和整合现有的科学课程、STEAM课程、创客课程、人工智能课程，构建面向未来的"创智未来"课程体系。同时，赵士田同志还结合学校办学理念，提出了"云聚未来、慧悦人生"的"云慧校园"建设规划，与其他老师一起开发了"微信应用平台""文件共享平台""数字教材协作平台"，积极推动学校学习环境的研究与实践从数字化走向智能化，学校也顺利通过了江苏省中小学智慧校园市级验收。

三、精准服务：以党建之力传播大爱

学校工会在党总支的带领下，创新工作方式，提升服务质量。一是通过新教师座谈会、节庆活动、教工运动会、户外团建、教工社团、各类讲座等活动营造和谐工作氛围，关注教师身心健康。二是通过建设"妈妈驿站"、与苏州科技城医院妇产科共建、组织参加联谊活动等为女性教职工送去温暖。三是开展党团员接力，做好教工子女看护，为教师消除后顾之忧；开行幸福巴士，方便住校老师周末前往其他区域；一年召开一次教代会，全面贯彻执行党的基本路线和教育方针，认真参与学校民主管理和监督，真正做到表达和维护广大教职工的利益。

苏科外党总支博慧公益活动更是十分活跃。多年来在党总支书记曹伦华的倡导和带领下，博慧公益活动延续传统，积极帮扶四川北川甘溪小学。曹伦华书记带队连续10年进川，不仅组织师生以捐款捐物的形式进行帮扶，还积极传播先进教育理念，建立两校教师之间的联系。曹伦华同志还被聘为北川终身教育顾问。此外，苏科外党员教师还连续多年为太白县学生进行线上远程支教。

苏科外党总支积极响应关于开展在职党员进社区"我为群众办实事"项目的实施工作，设立苏州科技城外国语学校党总支博慧先锋公益课堂，党员教师积极轮流参与，并与山湖湾、绿湖、龙山、树山等社区建立长期合作关系，通

过开设音乐、艺术等课程，让更多的学生和家长从公益课堂中受益。

正因增添了红色公益精神的内涵，苏州科技城外国语学校"红色引力，博慧先锋"的党建品牌也愈发显得特色鲜明、内涵丰富。

四、凝心聚力：以党建之力提升队伍建设

为了加强组织管理，规范党建工作，苏科外党总支不仅建设自身的党建网站，同时还在学校"博慧书苑"App上建立党建专区，通过专业的指导与考核，对党员参与党组织活动的情况和所取得的成果进行实时记录，留下痕迹，通过积分的方式督促、鼓励党员参与党组织的工作和活动。

苏科外党总支在学校网站和学校红色展示区域建立博慧先锋榜，展示博慧先锋党员的风采，树立党员的先进模范形象，以榜样的力量带领全校师生努力进取、不断向上。苏科外党总支还设立"学习强国"学习力排行榜，以鼓励、督促党员教师每日认真学习，不断提升自我。

此外，苏科外党总支先后与苏州高新区社会事业局机关第一、第二党支部，苏州科技城医院第三、第四、第五党支部，苏州新城市机动车驾驶员服务有限公司党支部，苏州科技大学外国语学院党总支，苏州大学附属第二医院外科第一党支部，苏州市公安局城市轨道交通治安分局党总支等进行共建，打造党员互动合作、优势互补、成果分享的平台，构建融合开拓的党建生态圈。

五、党建工作成效

苏科外党总支在关注自身党建工作的同时，注重发挥党建品牌的影响力，让党建品牌辐射到周围，为社会做出应有的贡献。苏科外党总支先后获评江苏省中小学校"一校一品"党建文化品牌项目、苏州市先锋基层党组织、苏州市社会组织党建品牌案例、苏州高新区（虎丘区）先进基层党组织、苏州高新区十大基层党建品牌及苏州高新区第三批"海棠花红"先锋阵地。

苏科外党总支书记曹伦华同志表示："苏科外党组织将继续把党建工作、品牌建设放在首要位置，按照二十大精神指引的方向，以博慧之力，创苏科外特色，让具有苏科外品牌特色的党建文化激活教师服务教育的内生动力，进而外化于行，不断开创苏科外教育的新辉煌。"

（苏州科技城外国语学校党总支）

党建引领铸师魂　立德培根育新人

苏州市姑苏区东冉学校党支部成立于 2004 年 6 月 28 日，是江苏省民工子弟学校成立的首个基层党组织。现有正式党员 6 名，流动党员 2 名。18 年来，在苏州市各级党委的正确领导下，东冉学校党支部始终坚持"党建引领，德育为先，五育并举，全面发展"的育人理念，在坚持社会主义办学方向，大力推进素质教育，为党育人、为国育才的征程中，做出了有益的探索。

一、强基固本，发挥党支部战斗堡垒作用

2004 年 6 月 28 日，在原金阊区委组织部、原金阊区教体局党委的关怀指导下，东冉学校党支部呱呱落地，9 名流动党员欣然"回家"，享受着党组织的温暖，过上了正常的组织生活，焕发了生机活力。为了发挥学校党支部的战斗堡垒作用，学校党支部采取了以下三项措施。

（一）建章立制，规范党支部组织建设

依据党章，建立支部组织架构，按照组织程序，选出支部书记、委员。定期开展组织活动，规范党员教育管理，严格落实"三会一课""主题党日"等制度，加强党风廉政教育，发挥党员在教育教学中的先锋模范作用。

（二）结对共建，增强党支部引领能力

自 2004 年 9 月开始，学校党支部先后与苏州市虎丘第二中心小学党支部、苏州市姑苏区退协老年大学党支部、苏州市第三十三中学党支部结对共建，采取"走出去、请进来"的方式，学习公办学校先进的教育教学管理及校园特色文化建设经验，交流党建做法，分享公办学校和民办学校携手合作、共育新苗的心得体会，促进学校规范发展。

（三）创建品牌，发挥党支部引领示范作用

为促进学校可持续发展，学校以"党建引领，德育为先，五育并举，全面发展"为目标，积极创建党建品牌，发挥引领示范作用，提升了学校的知名度、信誉度。2005年7月、2007年5月、2009年10月，学校先后三次获得"金阊区非公组织党建示范点"和"金阊区社会组织十佳党建工作示范点"荣誉称号。

二、党建引领，促进学生德、智、体、美、劳全面发展

学校党支部始终立足于立德树人的根本任务，坚守为党育人、为国育才的使命，五育并举，促进学生德、智、体、美、劳全面发展，成为共产主义事业的接班人。

（一）党建引领，强化学校育人功能

学校在苏州市虎丘区委教育工委的坚强领导下，坚持立德树人，积极打造以支部为核心、以党员为示范，引领教师、辐射员工、带动家长、服务社会的育人平台，倡导"人人都是德育工作者"的理念，取得了良好的育人成效。

一是设置学校政教处（德育领导小组），结合传统节日，通过国旗下讲话、红领巾广播、主题班（队）会、外出参观德育教育基地等活动，对学生进行爱国主义、社会主义、传统文化和红色文化教育。

二是成立学校家长委员会，成员由支部委员、家长代表、校外辅导员组成，各班建立班级QQ群、微信群，畅通家校交流渠道，齐抓共管，共育新人。同时邀请教育专家为学生家长提供讲座辅导，提高家长家庭教育水平。

三是办好学校心理咨询室。学校心理辅导老师定期为学生进行心理疏导，走进学生心灵，打开学生心结；开展心困生心理疏导，培养学生抗挫能力。

（二）党建引领，推动学科质量稳步提升

东冉学校是一所民工子弟学校，学生来自全国25个省（区），以中西部欠发达地区生源为主。学生的基础水平参差不齐，学习行为习惯千差万别。针对这种情况，学校早在2004年就提出了"实施教学改革，融入苏州大教育"的目标，并据此推行了三大改革措施。

一是加强教学常规管理，以课程标准为依据，严格课堂规范和过程考核。

二是加大教科研力度，实行作业质量目标管理，量化作业考查。

三是创新教师评价标准，建立激励机制，将教师教学绩效考核与工资挂钩。

办学22年，硕果累累。东冉学校已有10届1700多位初中生、22届5000多位合格毕业生进入各级各类学校就读，成长为受各行各业欢迎的建设者。据不完全统计，东冉学校毕业生中仅研究生学历的就有30多人。其中，2004届毕业生赵德陈于2021年获得清华大学机械工程系博士研究生学位，2013届毕业生李开朗被英国剑桥大学录取。

（三）党建引领，促进艺术教育之花大放异彩

学校实行党建与艺术教育融合发展战略，注重艺术教育人才的引进与培养，选足配齐专业教师，开齐上足艺术课程，并成立了校合唱队、舞蹈队、欢乐鼓（非洲鼓）队、朗读小组等课外兴趣小组，广泛开展艺术活动。截止到2022年上学期末，学校已成功举办了38届校园文化艺术节。自2008以来，校舞蹈队、合唱队在苏州、北京、南京、上海、杭州等城市共参加了13次比赛演出（展演），获得了多项荣誉。另外，学校申报的课题"民工子弟学校的社团活动初探"被苏州市教育局列为2017年民办学校艺术教育课题。

三、深度融合，助力民办学校健康发展

《关于加强民办学校党的建设工作的意见（试行）》（中办发〔2016〕78号）、《中华人民共和国民办教育促进法实施条例》，将民办学校的党建工作提高到了更加重要的高度。这就要求我们要大力加强组织建设，强化支部政治引领，进一步规范民办学校办学行为。

（一）开展"清风行动"，提升师德师风水平

2022年9月6日，学校党支部召开支部大会，研究制定了《东冉学校党支部开展"清风行动"倡议书》，并在隆重庆祝第三十八个教师节的大会上郑重发布。倡议书要求全体党员干部和教师严格落实《新时代中小学教师职业行为十项准则》，树立教师良好形象，以实际行动和工作业绩迎接党的二十大胜利召开。

(二)"五聚焦五落实",全面落实深化提升行动计划

学校党支部召开"五聚焦五落实"深化提升行动推进会。会上支部书记张传立同志传达了苏州市民办学校行业党建专委会的要求,紧扣民办学校党建工作重点任务,建立健全党组织参与决策与监督机制,落实领导思想政治工作与德育工作首要政治责任,明确了支部建设目标,布置了近期支部建设任务。

(三) 加强领导,做好理事会、监事会换届选举工作

根据苏州市民政局、姑苏区教体文旅委指示,学校党支部成立东冉学校第五届理事会、监事会换届选举筹备小组,经过前期准备,2022年9月28日,公开透明、合法合规地完成了东冉学校第五届理事会、监事会换届选举工作,学校有4名党员进入学校决策机构,保证了党支部在学校的核心领导作用。

今后,东冉学校党支部将继续以习近平新时代中国特色社会主义思想为指导,以"抓党建促民办教育发展"为主题,全面贯彻党的教育方针,深化基层组织建设,教育管理党员,引领服务师生,推动学校健康发展,努力办好人民满意的教育。

(苏州市姑苏区东冉学校党支部)

举党建之旗　寻管理之法　谱写新篇章

为了加强党组织建设,发挥党员教师在学校教育教学中的先锋模范作用,太仓市洪泾小学党支部自成立以来,按照上级党委要求,结合自身实际,扎实推进党的基层党组织建设和党员队伍建设,紧紧围绕"抓好党建工作 丰富办学内涵,办人民满意的教育"这一主题,开创学校党建工作新局面。

一、加强党建,引领内涵发展

(一)强化阵地建设,提升党建水平

党的阵地建设是建设服务型党组织的重要基础,也是完善基层党组织建设保障体系的一个重要着力点。因而,学校党支部十分重视党组织阵地建设,设立了支部活动室、党建展示厅。党组织的阵地建设为提升学校党建水平提供了有力的保障。学校党支部不断强化阵地建设,发挥在学校发展中的引领作用。

(二)推进"书记项目",夯实党建工作

为深入贯彻习近平新时代中国特色社会主义思想,积极推进教育系统"融合育德"党建品牌建设,充分发挥"书记项目"的牵引作用,实现党建重点工作与教育中心工作深度融合,2020年度学校党支部以"党旗辉映 墨韵书香"为党建品牌,并将之作为学校党支部重要工作,结合实际,明确目标,推进落实工作,贯彻"书记抓、抓书记",有序、有力地推进项目开展。学校党支部以此为抓手,将党务与业务有效结合,引领学校内涵发展。2021年度,学校党支部又在之前的基础上,以"童心向党,从娃娃抓起"为书记项目，从细处着手，落实立德树人这一根本任务。2022年度，党支部推出了"'疫'路温暖，我为师生办实事"书记项目。

二、优化队伍，提升内涵发展

队伍建设是推进学校内涵发展的重要保障。为了全面提高队伍素质，学校党支部切实加强自身能力建设，注重加强班子队伍的政治思想教育，努力塑造领导班子的良好形象。具体做了以下方面工作：坚持和完善理论学习制度，提高班子成员的思想政治素质；贯彻民主集中制原则，坚持和完善党支部监督保证下的校长负责制；加强班子廉政建设，为全校党员及教师做出了表率。

在党员队伍建设方面，学校党支部深入开展创先争优活动，在教师中树立党员形象，通过设立"党员先锋模范岗"，形成比师德、比教学、比教研、比成效、比质量的良好氛围，进一步增强了党员的党性修养和示范引领作用。

三、特制活动，落实内涵发展

为落实学校教育立德树人的根本任务，学校在党建引领下开展了形式多样的活动，通过举办读书节、文化艺术节、体育节、蒲公英社团等活动，推动学校的内涵发展，全面实施素质教育，提升学校的办学品位。

（一）举办各类文化节活动

近年来，学校成功举办了10届校园文化艺术节、9届校园文化建设节、9届读书节。每届活动的内容均丰富多彩，师生积极参与，营造了健康和谐的校园文化氛围和浓郁的书香氛围，提升了学生的文化品位。

（二）开展体育节活动

学校每年都有规模较大的校田径运动会，还有小型的校冬季三项赛、队形队列比赛、广播操比赛等，各项体育活动提高了学生的体育素养。在2020年太仓市田径运动会上，学校获得了民办学校团体总分第一名的好成绩。2021年，在太仓市第十六届全民运动会上，学校获中小学生田径比赛民办小学组团体总分第二名。

（三）开设社团

近年来，国家大力提倡劳技教育，因此学校开设了竹编、国画、篮球、象棋、书法、跆拳道等项目的社团。学生热情高涨，参与度高，丰富多彩的校园生活成就了他们精彩的人生。

四、创新举措，推进内涵发展

（一）"学习强国"播进校园

"学习强国"学习平台一上线，学校就在全校范围内推广运用"学习强国"学习平台，学习积分每周一公示、每学期一评比，掀起了"比、学、赶、超"的学习热潮。

（二）娃娃走进党建阵地

学校党建氛围浓郁，有党建展示厅、党员活动室、党建长廊。学校充分结合这些党建阵地，由书记带头给学生讲党史，党员教师分批次带领学生走进阵地，有计划地组织学生参观学习，"学党史、知党情、跟党走"，让历史这面镜子照亮娃娃们的心，也照亮他们的未来。

（三）党课上到课堂中去

为加强党史理论学习与教育教学的融合互动，发挥课堂教学主渠道作用，学校将党史教育有着重地融入"语文""道德与法治"等学科的教学，并且由支部会议讨论确定成立了"道德与法治"教研小组，由书记任组长，党员任上课教师并负责本年级段"道德与法治"的课堂教学，从学科教学中发掘党史教学元素，推进党史教育进教材、进课堂、进头脑。

（四）"我为师生办实事"

在喜迎党的二十大胜利召开之际，学校党支部"我为师生办实事"活动正持续深入开展，目的是了解师生需求、解决实际问题。在学校党支部的关心和支持下，全校师生的获得感、幸福感、自豪感不断增强。

五、攻坚疫情防控

学校党支部聚焦疫情防控常态化工作，按照上级部门要求做好日常卫生安全管理；结合特殊时期、紧急任务，做好线上线下教学、心理健康教育；积极推进全员核酸检测、全员疫苗接种及疫情防控志愿服务。此外，学校党支部还深入社区开展志愿服务，开展爱心资助，关爱家庭困难学生。

六、成效与展望

学校党支部高举党建旗帜,在苏州市委教育工委的正确领导下,认真贯彻《中华人民共和国义务教育法》,努力创新管理方法,学校管理日益成熟,办学内涵及特色不断彰显,学校各项工作蒸蒸日上,先后获得"全国百家艺术教育特色单位""江苏省中小学先进基层党组织""苏州市先锋基层党组织""苏州市民办教育先进集体""太仓市书香校园"、太仓市"四星级"家长学校等各级各类荣誉近40项。2020年7月,太仓市洪泾小学党支部被评为太仓市社会组织先锋党组织。2021年,学校党支部报送的"党旗辉映,墨韵书香"项目获2020年度教育系统基层党建优秀"书记项目"三等奖。2021年,在太仓市教育系统"智慧初心启新程,活力教育谱新篇"主题教育及"做'三好'、守'三道',争当新时代教书育人楷模"专题教育活动中,学校党支部报送的《追梦人》获评为"身边的好教师"党员优秀影像作品。2021年,高本杨书记和戴倩倩副书记分别通过太仓市"两新"组织党务工作者三星级和二星级资质认证。

为了孩子们的明天,为了新太仓人的未来,我们将始终高举党建之旗,寻管理之法,谋内涵发展,进一步推动学校向高品位办学方向前行,让每个孩子都拥有一个金灿灿的太阳,拥有一片明晃晃的蓝天。

(太仓市洪泾小学党支部)

党建引领　融合发展

为加强党对学校工作的全面领导，促进党建工作与学校其他各项工作的深度融合，张家港市白云学校党支部积极发挥党组织的战斗堡垒作用和党员的先锋模范作用，探索出了一套既可以保证学校各项工作顺利进行，又可以提高师生人文素养的行之有效的"党建四融合"工作方案。

一、党建融合人文管理

学校党建工作以支部书记为第一责任人，把"人文管理"的理念渗透到学校管理中，以"尊重人、激励人、信任人"作为基本的出发点，将抓好教职工理论学习作为提升思想政治素质和理论水平的重要途径，利用"三会一课"、"学习强国"App、党员活动日等，组织学习党章党规及重要会议精神，引导党员教师切实树牢"四个意识"、坚定"四个自信"、做到"两个维护"，倡导教职工树立终身学习的意识，树牢"感党恩、听党话、跟党走"的思想观念，培育和践行社会主义核心价值观。

"满腔热情从教，两袖清风育人。"学校始终将师德师风作为评价教师素质的第一标准，切实加强教职工党风廉政建设，健全和完善党风廉政各项规章制度，落实"一岗双责"工作职责，明确各处室的工作责任，通过日常检查与抽查等形式，引领教职工在工作落实中树立强烈的责任心，教职工的工作效能、办事效率极大提高。

二、党建融合校园文化

走进白云学校，教学区域、活动区域布局合理，剪纸特色氛围浓厚，校内树木郁郁葱葱，绿草茵茵，一派生机盎然的景象。学校积极探索德育工作新途径，以德育创新为动力，以行为养成教育为核心，将践行社会主义核心价值观根植于师生心田，利用重要时间节点深化主题教育实践活动。

开展以"庆祝中国共产党成立100周年"为主题的系列教育实践活动。通过讲红色故事、唱红歌、观看红色影片等丰富多彩的主题班会，积极组织师生开展党史学习教育。学校发挥"徐玲公益书屋"读书平台的作用，组织学生开展红色阅读，同时组织"童心向党"手抄报和剪纸比赛，表达爱党深情，让红色基因融入成长过程，切实增强广大师生的爱国主义情感，引导青少年健康发展，成为有用之才。

2022年2月17日，学校六（4）中队的何曼同学参加了梁丰小学联盟举办的"课本中的四史故事"小主播活动。她声情并茂主播的《小英雄雨来》吸引了一千多名听众，极大地增强了青少年对党史学习教育的热情。

2022年4月29日，中国银行张家港分行党支部联合梁丰小学党支部与白云学校党支部在白云学校开展了以"颂百年风华，传红色薪火"为主题的党建共建活动，梁丰小学郭小磊校长执教的《朱德的扁担》、张帆副校长执教的《黄继光》，充分引导学生知史爱党、知史爱国，让学生深切感知革命先烈的英雄事迹。

围绕青少年的健康成长及其文化艺术需求，学校在原已开设的剪纸、素描、合唱、鼓号等艺术社团的基础上，通过与佐敦涂料（张家港）有限公司的共建，由佐敦涂料（张家港）有限公司捐资10万元，建设了"百艺工坊"综合实践活动教室（内含陶艺工坊、木艺工坊、古法造纸、活字印刷等四个区域），并邀请专业人员到学校进行指导培训，让优秀的传统文化在师生的心中生根，极大地增强了文化自信。

校园文化像一股泉水，是一种滋心润德的力量，更是弥漫在整个学校全部生活时空中的无形力量，对全校师生具有潜移默化的感染、渗透和影响作用。在不断的实践中，白云学校党支部努力探索党建工作和校园文化的有效融合，已形成了党群共建、良性互动、资源共享的良好格局。

三、党建融合教学工作

党员的先锋模范作用就是要体现在日常教育教学工作中。白云学校的10名党员中有7名是市级骨干教师，学校党支部认真组织开展党员示范课活动，要求党员教师全员参加，充分发挥党员骨干教师的先锋模范作用，在师德规范、课堂教学、教书育人等日常工作中勇挑重担，激励党员教师引领教学改革潮流，提升业务素质。学校在开展评先评优时，充分考虑党员的先锋模范作用发挥情况，设立党员先锋岗，让党员教师真正认识到自己的使命和责任，感受到成功的喜悦。

四、党建融合志愿服务

"我为群众办实事"，在学校党支部的领导下白云学校志愿者服务活动开展得如火如荼。学校党支部号召党员教师和有志青年教师组建志愿服务团队，并加强教育引导，使志愿服务理念入脑入心，志愿服务行动薪火相传，始终保持志愿服务的生机和活力。党员教师和有志青年教师用行动在学生护学岗、垃圾分类、家校协作、洁美港城同创共建等活动中弘扬志愿服务精神。

总之，学校党支部按照上级的统一部署和安排，结合学校自身发展，以提升组织力为重点，突出政治功能，充分发挥党支部的战斗堡垒作用和全体共产党员的先锋模范作用，抓学习、促规范、提内涵，为学校全面、和谐、可持续发展提供有力的思想、政治和组织保证。

（张家港市白云学校党支部）

党建引领把方向　园丁先锋聚力量

常熟市外国语小学创办于2002年8月,是常熟市教育系统办学体制改革的先行试点单位。二十多年来,学校在激烈的办学竞争中立足、站稳并不断发展的关键就在于坚持了党对学校工作的全面领导,以党建把握办学方向,以党建引领教育教学,以园丁先锋积聚力量促进教师队伍建设,抓改革、促发展,实施特色办学。在党建引领下,学校取得了优异的办学业绩,赢得了良好的社会声誉。

一、党建引领把方向、育新人

坚持和加强党建工作是民办学校健康发展的根本保证。常熟市外国语小学在创办之初就成立了党支部,并把党的建设写入学校章程,明确了"学校工作必须贯彻落实党的教育方针,执行上级党委、教育行政部门的决定"。最重要的是2014年学校专设党建办,加强了党的领导,充分发挥了党支部的战斗堡垒作用。

党支部举好旗、定好向,坚持和确保学校的办学方向,即办一所"普惠性、高质量、有特色"的民办学校,让普通经济收入水平的家长多一种教育选择,让一般家庭的子女也能享受到优质教育,为常熟教育和地方经济建设服务。

党支部为学校教育高质量发展保驾护航。从2015年至今,学校党支部已实施并完成了多个与"办学内涵"主题相关的书记项目。这些书记项目主要有"加强民办学校党建,在特色办学中努力满足群众多样化优质教育需求""立足学习抓党建,立足党建促发展""培养智慧型教师,适应民办学校发展需求""以党建带动教师队伍建设""以党建引领，促内涵发展""厚植师生爱国情怀，担立德树人使命""党旗引领成长'金爱心'点亮童年""明亮童眸，点亮心灵"等。书记项目践行学校"做植根于心灵的教育，让学生在感悟中成长"的办学理念，保障了立德树人根本任务的全面落实。

二、园丁先锋做表率、聚力量

学校党支部在成立之初有 7 位党员，至今有 22 位党员，党员在一线教师中的占比为 47%。队伍逐渐壮大，战斗力日益强大，党员的作用举足轻重。学校党支部注重把党建工作与学校中心工作紧密结合，抓住党员干部、党员园丁这两个关键群体，发挥他们的示范带头作用。

（一）党员干部身先士卒，做好表率

"上梁不正下梁歪"，全面从严治党要注重正上梁，这就要求学校建立一支纪律严明、素质过硬、清正廉洁的干部队伍。

1. 实施党员干部培养工程

学校逐年构建在年龄结构、能力结构和学科结构方面均衡发展的骨干园丁梯队。全校担任班主任、年级组长、教研组长、中层以上职务岗位的党员有 20 人，占一线教师总人数的 40%，一批优秀的党员教师被推上了领导岗位。同时，学校通过"压担子"让一些优秀党员在一线负责把关工作。2019 年，学校实行中层干部校内轮岗制度，教导处、德育处、党建办等科室领导岗位轮转，这一创新举措打破了思维定式，调动了中层干部的工作积极性，激发了中层干部工作的新热情，中层干部们干出了新成绩。同时，轮岗锻炼也提高了中层干部全方位把握工作的综合能力。

2. 贯彻党员干部任用制度

在选拔任用干部时，学校有明确的规章制度，以选用政治觉悟高、业务能力强、工作业绩突出的党员。现学校领导班子成员中党员占 67%，其中书记王錞担任学校党组织书记近 30 年，2018 年被江苏省委组织部授予"二十年老支书"荣誉称号；三位支委中既有获得"苏州市名校长""苏州市教科研先进个人""常熟市教育系统优秀党务工作者""常熟市教育系统优秀党员"等荣誉者，也有当选为常熟市第十三次党代会代表、常熟市民办学校委员会委员者。

（二）党员园丁示范引领，做好先锋

一支优秀的教师队伍是学校健康和可持续发展的关键，一个拉得出、打得响的党员教师团队是一所学校教师队伍战斗力的标志。学校重视教师队伍的建设，切实加强党员园丁的培养，增强党员教育管理的针对性和有效性，不断提升党员教师队伍的能力和素质，做到"一名党员就是一面旗帜"。

1. 政治引领，加强学习

坚持旗帜鲜明讲政治，把学习贯彻党的二十大精神作为首要政治任务，教育引导全体党员牢固树立"四个意识"，自觉用习近平新时代中国特色社会主义思想武装头脑、指导实践、推动工作，推动二十大精神深入基层、深入群众、深入人心，实现政治引领全覆盖。

2. 优化管理，突出实效

加强对教师尤其是党员教师的教育管理，注重业务培训和党性教育相结合，切实提高党员教师的师德修养和教学业务能力，突显党员的模范带头作用。优化管理已经取得了实效，如张敏等两位同志获得常熟市中小学班主任基本功比赛一等奖和苏州市中小学班主任基本功竞赛二等奖，祝雨晴等 4 位同志在全国外国语小学教研联盟研讨会上进行教学展示，何新峰等 5 位同志在常熟市报慈协作型教育集团组织的各类比赛中崭露头角，等等。通过走、看、比、做等活动，党员教师快速成长，至今学校已有 13 位常熟市教育系统优秀党员、2 位常熟市优秀德育工作者、5 位常熟市优秀班主任、19 位常熟市社会力量办学校骨干教师。在党员的辐射作用下，校内教师兢兢业业，积极向党组织靠拢，已有 3 位中小学一级教师加入了党组织，有多位同志获得首届"常熟市最美教师""常熟市最美劳动者""常熟市文明职工"等荣誉。

三、不忘初心逐梦想、促内涵发展

不忘初心，牢记使命。在二十多年的办学历程中，学校始终坚持党的全面领导，牢记为党育人、为国育才的使命。在常熟虞山脚下这片教育热土上，学校党支部带领着一群教育路上的追梦人，一起奋斗，一起拼搏；陪伴着一批批自立求学的翩翩少年，一起学习，一起成长。

挥洒汗水，铸就人生辉煌。学校现为国家级外语实验学校、全国外国语学校工作研究会小学分会理事单位，是苏州市民办学校党建工作促进会首批理事单位、常熟市新社会组织党的纪律监督工作试点单位，先后荣获"全国最具创新力榜样学校""全国优秀外国语小学""全国优秀民办中小学""全国优秀外语实验学校""全国公益护眼试点学校""江苏省模范民办学校""苏州市文明校园""苏州市平安学校""常熟市德育先进学校""常熟市价格诚信单位"等荣誉。这些荣誉完全是高质量党建引领学校高质量发展的成果。

栉风沐雨谋发展，砥砺前行赋华章。学校将继续坚持以党建为引领，促内涵发展；坚持立德树人，促学生健康成长；坚持党员先锋示范，促教师共同提升——致力打造一支优秀的师资队伍，走出一条民办学校的特色办学之路。

（常熟市外国语小学党支部）

以党建引领办学治校　提升育人质量

吴江区盛泽佳诚初级中学是一所民办学校。结合学校实际情况，学校以建设标准的基层党组织、高素质的党员队伍为目标，坚持围绕教育抓党建、抓好党建促教育的指导思想，充分发挥学校党组织的战斗堡垒作用和共产党员的先锋模范作用，推动学校党建工作和教育教学工作的顺利开展，各项工作取得了一定的成绩。

一、学校基本情况

学校现有12个教学班，有教职员工36名，其中研究生学历者1名，本科学历者32名，专科学历者3名，县级以上骨干教师4人。学校形成了以年轻教师为主力，老、中、青相结合，结构合理、学科配套的教师队伍。学校现有党员4名，在学校党支部的带领下，全体党员勤奋学习、团结协作、凝心聚力，近几年来，学校管理、教育教学等方面均取得了较好成绩。

二、联系实际抓好党支部建设工作

基层学校党组织作为党"肌体"的"神经末梢"和工作前沿阵地，是党最丰富和最可利用的组织"能源"之一，其政治核心作用就是服务教育教学改革、提高教育教学质量。学校党支部始终围绕《中华人民共和国民办教育促进法实施条例》及学校工作思路，着力打造一支政治素质高、业务造诣深、管理理念新、创新意识强的学校领导班子队伍和教师团队，不断推进学校的规范化管理，进一步提升教育水平，推动学校持续、稳定、健康发展。

要发挥党支部的力量，首先就要抓好党支部建设，学校党支部始终把落实"三会一课"和民主评议党员作为规范组织建设的制度保证，并建立健全了各项制度和长效机制。党支部书记王长斌同志每月一次对党支部各项工作如发展党员情况、专题教育活动等进行研究、讨论和安排。在每季度的党员大会上，传达上级党组织的指示和党支部关于各项工作的决议，向全体党员汇报党支部工作，听取党员的意见和建议。同时，为了加强对党员的党性教育，党支部每半年就要结合学校的工作实际开展党员自评、党小组评议和全体党员专题组织生活会。

在学习实践科学发展观活动中，党支部组织全体党员开展了扎实的党员民主评议。在具体评议中，党支部本着严肃、认真、客观的态度，对党员自评和小组评议做出了严格要求。如部分党员自评优点和成绩多、不足少，党支部就要求他们重新自查，专找不足和问题。尤其是党支部书记王长斌同志，虽然群众评议结果均是满意和优秀，但是他依然对自己存在的问题和不足进行了深刻的自查，从而赢得了全体党员的敬重。

要团结带领教职工就要树立全心全意服务教职工的思想，为群众办实事、办好事，使学校党支部成为群众信赖的党组织。因此学校党支部把讲党性、重品行、做表率活动同服务教育教学结合起来，制定了党员联系和服务群众承诺制度，成立了党员志愿者队伍和以德育处为办公室的党员服务站。党员服务站为党员们办理转接组织关系手续，为来校的大学毕业生置办被褥和生活用具，冬季为教师的宿舍安装门帘，时时刻刻关心教师的冷暖。为了保证师生吃到可口的饭菜，党支部书记王长斌同志每周都去食堂吃饭，对食堂菜品的口味、营养搭配提出合理的建议。学校对家庭情况特殊的学生给予一定的帮扶，组织师生积极捐款献爱心，希望受助学生能够在学校学习生活得更加幸福。这一系列的举措充分体现了学校党支部及全体党员心系困难学生和积极参与扶贫帮困的榜样作用。

要使学校成为与时俱进的先进文化传播阵地，学校党支部就必须加强学习。学校党支部通过教师例会开展集中教育活动，并结合教育教学实际，开展了教师职业道德规范和师德大讨论。全体党员还开展了"让好书伴我度暑假"活动，利用暑假广泛阅读党的政治理论、专业著作，以及社会科学、文化艺术等方面书籍。学校党支部通过开展建设学习型党组织的活动，提高了党员们的政治思想和专业素质，同时也促进和带动了全体教师的学习风气。

学校党支部还认真履行对学校各方面工作的监督保障职责，督促学校历届教代会的顺利召开，同时还对校团委书记进行选拔和培养，指导校团委开展学生会工作和团的活动。在党支部的领导下，学校各部门积极配合，保证了学校各项工作的顺利进行。党支部全体党员树立服务教育教学的思想，党员领导干部深入教学第一线，直接参与和指导工作；党员班主任做耐心细致的学生帮扶教育工作；党员教师认真履行教书育人的职责。全体党员把发挥先锋模范作用与本职工作紧密结合起来、与教书育人紧密结合起来，起到了引领和榜样作用。

民办学校党支部只有不断规范组织发展工作，重视对青年党员的培养锻炼，才能充分发挥党员的先锋模范作用，因此学校党支部严格按照组织发展程序培养和发展党员。在发展过程中，学校党支部尤其重视对入党积极分子的培养教育。党支部书记王长斌同志在培养入党积极分子的过程中，坚持同他们多谈心、多谈话，聊聊思想、学习，问问工作、家庭，时刻关注着他们的成长，使入党积极分子感受到了党组织的关心。学校党支部还采取多项措施促进青年党员的成长。一是抓学习教育，二是压担子，以促进他们工作能力的提高。青年党员的思想比一般教师先进，因此学校党支部把青年党员放在重要岗位，如安排他们担任年级组长、备课组长、班主任等，使他们在工作中勇挑重担、锻炼成长。三是多关心青年党员，促进他们工作热情的提高。学校党支部定期和青年党员进行思想交流，关心他们的工作与生活，及时解决存在的问题，使青年党员安心工作、热爱工作。

总的来说，在上级的正确领导、关心、支持下，学校的党员、干部、教职工同舟共济，全力以赴抓好既定目标任务的落实，各项工作有了新的发展和进步。今后，学校党支部将在已有成绩的基础上继续努力，不断开拓进取、真抓实干，开创党建工作新局面。

（吴江区盛泽佳诚初级中学党支部）

成立党建协作区 推动民办幼教事业发展

常熟市55所民办幼儿园在办园实践中紧紧围绕"办人民满意的教育"这一中心任务，以党建为引领，搭平台、创机制，推动党建工作与保教工作共同发展。

一、成立"协作区"

办人民满意的幼儿教育是民办幼儿园倾心追求的目标，常熟市委教育工委以党建为引领，搭建交流平台，凝聚育人合力。一是搭建交流平台。2020年5月，常熟市委教育工委成立民办幼儿园党建工作协作区，借鉴协作区党建工作经验，共享区域联动保教工作成果，构建互帮互学、优势互补、资源共享、协同发展的基层党建工作格局。二是坚守教育初心。各幼儿园坚守"遵循幼儿发展规律，奠定幼儿发展基础"的办学初心，激励党员参与党的基本知识与党的建设成果学习，理解初心是什么、使命干什么、奋斗比什么，形成"比、学、赶、帮、超"的工作氛围，贯彻落实《中华人民共和国民办教育促进法》《中共中央 国务院关于学前教育深化改革规范发展的若干意见》等，倡导政治素养与业务素质齐头并进，不断提升民办幼儿园的办园质量。三是争创优质园所。围绕省优标准中"充分发挥党组织的政治核心作用"的新细则，各幼儿园努力将党建工作与幼儿园建设相结合，并以创建为抓手，结合常熟市人民政府督导工作，立足规范、追求优质，切实提升民办幼儿园办园水平。截至2022年，在常熟市55所民办幼儿园中，耕心明珠幼儿园、敬文幼儿园这两所幼儿园被评为江苏省优质幼儿园，西庄街幼儿园、锦虹幼儿园等21所幼儿园被评为苏州市优质幼儿园。

二、选派"指导员"

常熟市委教育工委在成立民办幼儿园党建工作协作区的同时，聘请实验幼儿园正园级调研员担任常熟市民办幼儿园党建工作协作区指导员，发挥宣传推动、指导督促作用。一是摸情况。采取电话联系的方式，即时摸排民办幼儿园党组织建设、党员分布等情况，推进民办幼儿园党组织应建必建、应建尽建，帮助暂不具备建立党组织条件的民办幼儿园逐步做到党的工作覆盖。二是提要求。采取实地走访的方式，对不同组建方式的民办幼儿园提出不同的要求，单独组建的党支部要定期、规范开展组织生活、党日活动，做到管业务与管党建相结合，及时做好支部台账记录、党员手册记录等；联合组建党支部的幼儿园要支持党员积极参加组织生活，让党建工作常态化，让党组织、党员的先锋引领作用充分发挥出来。三是常指导。由于民办幼儿园教工队伍流动性较强，指导员采取定期与党建工作联系人联系的方式，及时记录好党员名册的动态变化，了解党组织、党员的近况，适时做好党建工作指导，如党员活动室与党建宣传阵地的创设、党的知识与理论学习的开展、支部台账与党员手册的记录、党员志愿活动的参与等。

三、推行"考核制"

常熟市委教育工委由教育科牵头，联合党建科、督导科、教研室等科室，每年度对照考核标准对常熟市所有民办幼儿园进行考核，形成监督机制，为幼儿园的家长满意度、社会美誉度做好保障。一是明确考核内容。围绕"应建尽建""组织生活""阵地建设"三方面考核内容，结合日常工作与考核现场，通过年度考核逐步细化、实化幼儿园党建工作，逐步突出"围绕教育抓党建，抓好党建促教育"工作主旨。二是强化服务理念。年度考核是对各园争先创优的一种鞭策，目的是敦促各园牢记"教育即服务"的理念，以全心全意为幼儿、为家长服务为工作出发点，积极参与公办园引领的区域课程游戏化菜单式指导与推进，增进民办幼儿园党建协作区的园际交流；立足儿童立场，改造室内外环境、挖掘利用园内外环境资源、探索区域游戏及户外游戏、开展教育活动展示研讨等，为人民提供优质的学前教育。

（常熟市民办幼儿园党建协作区）

抓好党建促发展　遵循规律办幼教

苏州尔家幼教集团成立于2002年，目前拥有14所幼儿园，其中国内12所、加拿大2所，在园幼儿5000余名，教职工600多人。苏州尔家幼教集团联合党支部万枫支委成立于2010年，目前有正式党员12名。党支部自成立以来，在上级非公党委的指导下，认真学习贯彻党的二十大精神和习近平新时代中国特色社会主义思想，秉持"遵循幼儿成长规律、奠定幼儿成才基础"的办学理念。多年来，尔家幼教集团以党建促业务、以党建带队伍、以党建塑形象，将党建工作与集团中心任务全面融合，推动党建工作与幼教工作共同发展，实现了党建工作在幼儿园的落地生根。尔家幼教集团加强党建的具体做法如下。

一、让党建工作在教师中扎根

教师是教学的主体，是帮助小朋友们扣好人生"第一粒纽扣"的关键人物，也是尔家幼教集团发展的核心竞争力。因此，党支部积极践行集团"敬业、务实、关爱、感恩"的文化精神，将党建工作融入教师队伍建设，组建了一支师德优良、业务精湛的教职工队伍。

（一）强学习，不断提升教师理论水平与道德素质

1. 注重加强政治理论学习

党支部及时制订学习计划，通过"三会一课"、每月主题党日等活动及"学习强国"App等平台，进一步加强对时事政治的宣传和学习。

2. 注重加强国家政策学习

集团在全体教师中开展了《中华人民共和国教师法》《中华人民共和国

未成年人保护法》《中小学教师职业道德规范》等法律法规的学习。

3. 注重加强师德师风教育

通过在各园积极开展"夸夸我身边的好老师"讲故事比赛、"我是一名优秀的幼儿教师"师德演讲等方式，不断加强师德教育。

(二) 强队伍，不断提升教师业务能力与教研水平

1. 发挥党员教师带头示范作用

党支部开展"党员示范岗"活动，带动身边人做好人、做好事。在2022年的抗击新冠疫情行动中，尔家幼教集团的党员齐心冲锋在前，为抗疫做出了积极的贡献。

2. 树好党员教师岗位成才榜样

党支部每个先锋党员带队，组织各园预备党员开展"一园一品一特色"的课程构建。通过建立以新进教师和骨干教师为主要培训对象的分类培训体系，培养了一大批优秀人才。通过深度融合开展蒙台梭利课程、北美创造性课程两大精品课程，有效做到了学用结合、岗位成才。

3. 鼓励全体教师学先进、超先进、做榜样

由党员带头，从增强教师的荣誉感、归属感出发，以评树先进为主线，评选表彰师德先进个人260余名，各岗位先进人物350余名。

二、让党建工作在幼儿教育中开花

党支部积极将党建工作融入幼儿园日常教学，加强红色教育，让幼儿从小就有爱党、爱国、爱家的意识。

(一) 坚持将党建与幼儿园特色活动相结合

名城石莲幼儿园以艺术表现力为抓手，在班级开展手工、折纸、童谣、说唱等特色活动时注重融入爱党、爱国元素。为庆祝建党一百周年，尔家幼教集团旗下12家幼儿园均举办了丰富多彩的活动，如金色幼儿园开展了"童心向党，画颂祖国"绘画活动，新鹿幼儿园开展了"歌唱祖国，庆祝百年"红歌会活动，等等。

(二) 坚持将党建与幼儿园室场规划相结合

新鹿幼儿园、未来城幼儿园等利用园内影音室，适时组织幼儿观看《小兵张嘎》《三毛流浪记》《鸡毛信》等革命影片，开展爱国主义教育，传承红色基因。

（三）坚持将党建与幼儿园区域游戏相结合

党支部结合幼儿园班级区域游戏，在游戏中融入爱国、爱党元素。例如，张贴幼儿与党旗、国旗的合影，绘制党旗、国旗、天安门题材的作品，堆放幼儿搭建的万里长城等作品。

（四）坚持将党建与幼儿园家长工作相结合

党支部充分发挥 600 余名家长党员的优势，通过邀请家长党员走进幼儿园，跟小朋友们一起分享入党经历，听爷爷奶奶讲党员的故事等活动，有力地增强了家园共育。例如，新鹿幼儿园为家长党员故事长廊上制作了展板和二维码。只要用手机扫一扫，就能听到孩子们稚嫩的声音和那最骄傲的故事。

三、让党建工作在各项事业中结果

依托集团优质的教学资源，幼儿园从"学有所教"走向"学有优教"，越来越多的家庭被吸引到集团旗下幼儿园周边小区落户，对带动区域经济发展起到了积极的推动作用。

（一）在创优质园中奋发有为

党支部积极参与创优工作，学习评优标准，确保创优工作按期完成。目前，尔家幼教集团国内 12 所幼儿园均为江苏省优质幼儿园。

（二）在品牌园建设中奋发有为

"道路千万条，特色第一条"。在集团的大力支持下，党支部积极组织党员，多年来一直致力于高品质课程的开发与推广。尔家幼教集团于 2016 年收购了加拿大的多伦多第一幼儿园，并引进了美国原版创造性课程。结合我国教育部《幼儿园教育指导纲要》《3-6 岁儿童学习与发展指南》的要求与国内课程的实际，形成了中外兼容、独具特色的尔家创造性课程，获得了家长的广泛好评。

（三）在关注幼教事业发展上奋发有为

党支部充分利用尔家幼教集团作为中国民办教育副理事长单位、江苏省学前教育理事单位、苏州市民办教育协会副会长单位的优势，积极开展调研，为提高民办教育社会关注度、提高民办教师待遇、促进民办教育健康发展献计献策。在教育部组织的《中华人民共和国民办教育促进法实施条例》征求意见座谈会上，集团从教师队伍培养、人才引进、教育补贴等方面提出了积极的建议。2019年，尔家幼教集团承办了全国民办幼儿园党建工作交流会，集团董事长朱惠芳在会上做了发言。苏州工业园区名城石莲幼儿园和苏州高新区新鹿幼儿园被授予"全国民办幼儿园党建示范基地"称号。中国民办教育协会、河南省长葛市委"两新"工委等各级领导先后调研新鹿幼儿园党建工作，苏州市原副市长曹后灵专程调研名城石莲幼儿园的党建工作并给予了高度评价。在2021年长三角地区幼教公益论坛上，尔家幼教集团联合党支部代表民办幼儿园做了党建工作发言。

潮起东方万象新，在波澜壮阔的新时代奋斗路上，尔家幼教集团联合党支部将继续认真贯彻落实习近平总书记一系列讲话精神，继续坚持新发展理念，继续以时代眼光办好学前教育，构筑学前教育良好的发展生态，致力于培养更多适应高质量发展的优秀教师，致力于不断完善办学条件，实现"学有优教"。致力于增强教育服务创新能力，充分利用科技信息平台，丰富教育手段，提高教学质量。致力于加强园所、市、省、国家之间的幼儿教育学术交流，开拓视野，提升自我。尔家幼教集团将继续创造性地开展工作，使党建工作真正体现时代性、把握规律性、富于创造性，努力把集团幼儿园党建工作提高到一个新的水平。

（苏州尔家幼教集团联合党支部）

党建引领守初心　园丁支部显担当

苏州工业园区伟才厚永幼儿园党支部在苏州工业园区教育党委的正确领导下，以习近平新时代中国特色社会主义思想为引领，充分发挥党组织的政治核心作用，全面引领幼儿园的思想、组织、作风、反腐倡廉和制度建设，参与决定重大问题决策并监督实施，支持和保证园长依法行使职权，充分发挥基层党支部战斗堡垒作用和园丁行动支部的功能，领导园所教育和思想政治工作，培育和践行社会主义核心价值观，维护各方合法权益，把握园所发展方向，促进园所优质发展。

一、围绕党建抓管理

伟才厚永幼儿园党支部正式成立于2020年10月，有正式党员8人。党支部在苗颖园长兼任书记的直接带领下，以习近平新时代中国特色社会主义思想为指导，大力弘扬伟大建党精神，全面落实习近平总书记关于教育的重要论述，坚持党对教育工作的全面领导，落实立德树人根本任务。坚持把党员干部推向前，亮身份、亮责任，带头带出好作风、好教风、好学风，带头带出好干劲。自党支部成立以来，领导干部带头上党课24次，发挥好"学习强国"平台作用；采取专题研讨、集中学习和个人自学相结合的方式，不断深化党员教师思想理论武装，进一步引导大家在学思践悟中坚定理想信念、在奋发有为中践行初心使命、在岗位实践中争当表率，着力提升幼儿园保教质量。幼儿园先后荣获"江苏省优质幼儿园""安全卫生先进学校""疫情防控先进集体"等荣誉，多名党员教师荣获"苏州市优秀教育工作者""苏州工业园区优秀教育工作者""优秀共产党员"等荣誉称号。2021

年度苗颖书记还获评初级"两新"组织党务工作者资格。

二、围绕党建强担当

首先,党支部书记苗颖同志在每周四设立家长接待日,通过菜单的方式,由家长向园长提话题、抛问题,幼儿园着力帮助家长解决育儿方面的种种困惑和难题。随后幼儿园成立家庭教育公益小站,帮助本园及社区周边的家长朋友解决家庭教育中存在的困惑,给家长们提供教育咨询、早期教育指导,对有需要的家庭进行一对一的帮扶等,以促进孩子健康快乐成长、家庭和谐。其次,党支部成立特色鲜明的党员示范岗。党建一校一品——"伟美润泽,才美践行",开展"一个岗位、一份责任、一面红旗"的党员示范岗主题教育活动,充分发挥党员的先进性,党员带头做好品牌活动融入课程的游戏活动。幼儿园作为苏州工业园区首家民办园面向整个园区承担"幼儿园课程游戏化区域推进'岁月故事汇'"展示活动,活动中的四个篇章(党建故事——引领促成长;片区故事——协同促均衡;融合故事——赋能促智慧;教研故事——深研促优化活动)受到领导、专家的高度评价,《苏州日报》和江苏教育新闻网先后予以报道。

三、围绕党建抓培养

幼儿园党支部通过江苏省优质幼儿园的创建和区级课程游戏化的现场开放,以及幼儿园师德师风建设方案的制订等,大力培育优秀教师团队,聚焦师德使命,提振精气神。在党员教师中深入开展争创"园丁先锋示范岗"活动,引导党员教师围绕岗位目标、岗位承诺、岗位示范,自觉履行为人师表、教书育人的神圣职责,坚定信仰、信念、信心,凝聚团结奋进力量。疫情防控期间,伟才厚永幼儿园党支部积极响应上级"党有号召,团有行动"的精神,认真贯彻落实上级关于疫情防控工作的各项要求,组织党员教师、广大教职工通过立体式的"五网"积极开展疫情防控工作,充分体现了党组织的凝聚力和战斗力。幼儿园成立疫情防控工作领导小组,按照"三案九制"有效组织、统筹安排、责任到人,党员干部充分发挥先锋模范带头作用,团结带领广大教职工恪尽职守、分工合作,推动整体疫情防控工作依法、科学、有序进行。不同的战斗,同样的全力以赴。全园教职员工听从指挥、顾全大局,以为人师表的责任和担当全力投入疫情防控工作。全园16名党员教师工作在战疫一线,尽己所能,默默支持着抗疫前线,积极响应支部号召，主动报名参加联防联控工作，共同守护社区安全。

四、围绕党建织密爱心网

在疫情防控过程中，幼儿园党支部苗颖书记带领党员教师开展"抗疫情、送温暖"行动，为抗疫一线的社区医护人员和工作人员赠送了一批批饱含深厚情谊的物资。此外，幼儿园党支部还积极响应疫情防控的相关要求，组建党员先锋行动支部、童心护航队两支队伍，深入青春家园和青澄家园社区实施"网格化宣教引导行动"，并承担核酸检测点志愿者工作和教育咨询服务工作。这两支队伍每天于15：00—19：00时间段开展小区宣教引导工作，及时劝止少年儿童玩耍聚集、不戴口罩等行为，宣传引导少年儿童遵守"少外出""少串门""不聚集""戴口罩""勤洗手"等防控要求，用实际行动为疫情防控贡献了教育人的一份力量。同时党支部还牵头团支部、教育工会，组织爱心基金，帮助大一班患白血病的幼儿。2021年6月，幼儿园所有党员教师和家长捐赠54 980元给大一班患白血病的幼儿，献上大家庭的一份爱心，家长还给园部送来了锦旗和感谢信。

党旗所指，心之所向。一个支部就是一座堡垒，一名党员就是一面旗帜。伟才厚永幼儿园党支部将继续带领全体教职工同心同向、同调同力，把责任扛起来、把标杆立起来，强化使命担当，稳中求进、实干争先，以高质量党建引领幼儿保育事业高质量发展。

（苏州工业园区伟才厚永幼儿园党支部）

强化责任担当　激发内生动力

一个党组织就是一座堡垒，一名党员就是一面旗帜。张家港市外国语学校附属乐融幼儿园党支部坚持统一思想、凝聚共识、围绕中心、服务大局，坚持问题导向、效果导向、与时俱进，守正创新，切实做好支部党建工作，引领全体党员及教职员工接受政治品质的锤炼，不断强化政治担当、使命担当和责任担当，全力开创园所教育工作新局面。

一、志愿服务

为充分发挥基层党组织和党员在服务群众、凝聚人心、促进和谐中的战斗堡垒和先锋模范作用，密切党群关系，引导广大党员增强党性意识、责任意识、服务意识，投身公益事业，幼儿园党支部多次组织志愿服务活动。

在新冠疫情期间，乐融幼儿园教职员工张燕兰、孙阳主动请缨、挺身而出，加入志愿者执勤队伍，认真登记过往车辆，为过往人员测量体温，用自己的平凡善举为坚决遏制疫情蔓延势头、打赢疫情防控阻击战贡献力量。张燕兰、孙阳被保税区封庄村金丰社区授予"最美志愿者"称号。

幼儿园党支部还结对锦丰镇交通村贫困家庭的小男孩郭青青，献爱心、送温暖，在得知郭青青小朋友非常想要一辆自行车后，幼儿园党支部联系锦丰镇交通村村民委员会资助了郭青青小朋友一辆自行车，同时鼓励他要对生活充满信心，告诉他有困难要及时向结对老师和幼儿园反映，老师和幼儿园会尽力想办法帮他解决。

不忘初心，为民服务，开展志愿服务，是党员守初心、担使命，做先锋模范的重要途径。幼儿园党支部全体党员和教职工用实际行动为身边的群众做实事、做好事，迎接建党 100 周年。

二、公益课堂

在 2020 年 4—5 月，为响应党的号召和张家港市教育局"停课不停学"的政策，结合全市广大家长在新冠疫情期间的家庭教育需求，由张家港市妇联指导、保税区（金港镇）妇联主办、乐融幼儿园承办的"99 亲子微课堂"公益项目启动，通过录播和线上直播的形式开展家庭教育课堂，普及推广家庭教育知识，提高广大家长科学教子的能力和水平，助力家庭幸福和儿童健康成长。活动报名费用全部捐赠给保税区（金港镇）慈善会，用于妇幼儿童公益活动。

三、团队建设

为进一步加强作风建设，提高教师队伍的自身素质和工作热情，幼儿园党支部坚持党建带团建，开展了一系列活动。"教好一门课，带好一个班、树起一面旗"，在这样的信念的带动下，乐融幼儿园多次组织教育教学评比、基本功竞赛、结对子等，使教师在组织教育教学活动的能力等方面得到了显著提升。乐融幼儿园采取个人自学与集中学习相结合的方式，通过"四史"学习教育、师风师德培训、签订师德承诺书、新教师入职宣誓等形式，提高教师的责任感和使命感，加强幼儿园的作风建设。

张家港市外国语学校附属乐融幼儿园党支部坚持把党建引领作为办学发展的内生动力，扎实推进党支部规范化建设，让红色种子在校园中生根、发芽、开花。今后，幼儿园党支部将继续努力，争取扎实推进党建和园所各项工作深度融合，打造坚强战斗堡垒。

（张家港市外国语学校附属乐融幼儿园党支部）

二、充分发挥民办学校党组织组织功能

近年来，民办学校党组织深入开展"五聚焦五落实"深化提升行动，以党的政治建设为统领，以提升组织力、凝聚力为重点，聚焦强组织、强队伍、强活动、强制度、强阵地，争创先进基层党组织。

"创先争优"助力高职学生成长成才

近年来,为贯彻全国高校思想政治工作会议、全国教育大会精神,全面落实立德树人根本任务,苏州托普信息职业技术学院信息技术学院党支部(以下简作"信息学院党支部")紧紧围绕全员、全过程、全方位的"三全育人"思政工作指导理念,立足职业教育发展大计,在思想政治学习、特色教育教学、基层党组织建设等方面努力探索、开拓创新。党员教师以自己崇高的理想和坚定的信念在教学岗位上钻研业务,将党的路线、方针、政策运用到学生服务、管理工作及教学实践中,并取得了显著成果。

一、加强支部自身建设,提高党员思想觉悟

信息技术学院党支部是一个团结向上、善于学习、勇于创新、作风严谨的基层党支部,现有党员10人,其中苏州托普信息职业技术学院党委委员1人、副教授4人、讲师1人,多数党员是信息技术学院的教学骨干,部分党员担任苏州托普信息技术学院教育教学管理的主要负责人,他们在各自的岗位上身体力行、率先垂范,增强了信息技术学院党支部的影响力和感召力。信息技术学院党支部严格按照组织要求,把好入党关,有步骤、有重点地吸收觉悟高、业务能力强的教师加入党组织,壮大党员队伍,不断加强党的基层组织建设,保持着强大的凝聚力和战斗力。信息技术学院党支部自成立之日起,始终把加强支部建设和自身建设作为促进工作、提升水平的落脚点,努力为教师创造团结、严谨、活泼、进取的组织环境,先后组织、开展以"立德树人"为主题的宣传活动,以及对校训及"当初入党为什么、现在为党做什么"的讨论,进一步增强了党员教师的责任感和使命感。

二、围绕铸魂育人工作，提高教师教学水平

信息技术学院党支部通过例会，从各种角度向全体党员阐明了提高教师教学水平的重要性和迫切性——它关系到学生的成长、学校的发展和教师自身的价值实现，尤其是党员教师更应当严格要求自己，一定要站稳三尺讲台。为此，信息技术学院党支部实施了以下举措：第一，提出培养学科带头人的计划，要求每门专业课程都必须具有一名出类拔萃的专业教师，并制订培养专业学科带头人的具体方法，要求党员教师在这方面带好头、起好步。第二，党员教师积极帮助青年教师参加岗前培训和专题辅导，使之尽快转换角色，适应教学环境。第三，开展听教、评教活动，延续学校传帮带"师徒制"的传统，为青年教师做好示范引领作用。

信息技术学院党支部辅导员老师始终坚持"德育首位"的原则，注重学生的思想教育工作。积极向学生宣传党的路线、方针、政策，经常通过专题班会课、走访宿舍、班级座谈会及开展活动等多种方式对学生进行思想政治教育，引导学生树立正确的世界观、人生观和价值观，培养学生内在的追求真善美的愿望。同时大力鼓励学生培养兴趣爱好，发展个性，注重学生综合素质与能力的培养和锻炼。信息技术学院党支部在学校组织的"建党百年唱红歌"比赛中荣获一等奖，连续两年党支部辅导员老师中有两人获评"优秀党员"称号。

三、明确党员教师角色，增强党员服务意识

信息技术学院党支部党员教师具有较高的思想觉悟和出色的教学能力，确立了学生是他们的第一服务对象，树立了以学生发展为中心的教育服务理念，给学生更多的微笑、关爱、理解、尊重，做到不辜负家长对学校、教师的殷切期望，以共产党员的责任感和荣誉感培养更多的高技能人才和大国工匠。

2022年2月起，苏州地区疫情突起。在战"疫"一线，每名党员都是一面精神旗帜，苏州托普信息职业技术学院党委成立了抗疫行动党支部。信息技术学院党支部全体党员积极参加属地巴城镇抗疫志愿服务和学校抗疫保障活动，用初心和使命筑就抵御疫情的严密防线，用坚守奉献为群众送去温暖和希望。

在艰巨的核酸检测任务中，15人次，20余个日出日落，300余次志愿服

务，抗疫行动党支部不负重托，秩序维持、人员分流、运送物资、信息登记，从笨拙地穿戴好防疫服装到熟稔地回答群众咨询，确保检测工作全覆盖，应检尽检，不漏一人。

在执行学校常态化核酸检测任务中，信息技术学院党支部教师积极报名参加属地防疫员培训，从桃李满天下的"教坛能手"到与病毒赛跑的"白衣天使"支部党员，只是换了一种身份，同样是守护千万家的幸福。

信息技术学院党支部党员、副教授朱春燕同志，在执教的17年里，始终不忘初心、砥砺前行。作为工作后就一直奋战在职业教育第一线的教师，她"匠心筑梦，做好学生成长的引路人"。她对平凡工作严谨专注，对本职工作精益求精，她不仅是言传，更是身教，全心全力做好学生的引路人。这十余年的坚持，靠的是朱春燕同志始终坚信民办高校"以赛促学"的方针不是口号，而要付诸实践。她带领学生积极参加竞赛，其中有9人获得江苏省一等奖，有3人获得江苏省二等奖，有9人获得江苏省三等奖。她指导的学生参加江苏省大学生计算机设计大赛，荣获微课（课件制作）类高职高专组三等奖。2015—2021年，朱春燕同志连续指导学生参加江苏省高等学校大学生实践创新训练计划项目，并都顺利完成项目结题，从而启蒙了学生的职业规划。朱春燕同志坚信，每个人的内心都有被尊重和被认可的需要，带领学生参加竞赛，让学生看到自己的潜力，看到自己优秀的一面有利于学生的成长和发展。

用朱春燕同志自己的话来说，就是："打铁必须自身硬，重复的事情认真做，要做就认真做到极致，这样我们才有可能以技服生，才配做职教教师。"近五年，她主持教育部高等学校教学指导委员会科研项目1项、苏州市教育局项目2项，这些项目均已顺利结题。她还在《信息化建设》《电子技术与软件工程》等省级以上刊物发表本专业论文10余篇，编写教材3部。2021年，朱春燕同志参加江苏省高职院校教师专业带头人高端研修项目，她抓住一切机会不断为自己充电，提高自身素质和业务能力。

事实表明，信息技术学院党支部能够从理论高度认识到基层党组织的角色和使命，从严管理，并取得了丰硕成果。信息技术学院在2020年荣获希望教育集团"先进集体"荣誉称号。在2021年第十二届"蓝桥"杯全国软件和信息技术专业人才大赛上，信息技术学院徐云娟同志指导的宋星晨同学荣获"C/C++"程序设计高职高专组个人赛一等奖并进入全国总决赛；刘艳同志指导的邵东榕和张天乐同学分别荣获个人赛三等奖，王景龙同学荣获JAVA程序设计高职高专组个人赛三等奖。2021年，金璐钰同志被选拔为江苏省高校"青蓝工程"优秀青年骨干教师培养对象。信息技术学院党支部多名党员教师被评为苏州托普信息职业技术学院先进工作者。这一系列成绩正是信息技术学院党支部加强自身建设，党员教师保持先进性，服务人民群众，扎实开展各项工作的具体体现。

（苏州托普信息职业技术学院信息技术学院党支部）

素质技能双促进　　党建业务双提升

支部搭台党员唱戏，奏响立德树人的最强音。在工学院党总支的领导下，昆山登云科技职业学院工学院教工第一党支部（以下简作"工学院教工一支部"）开展"立德树人，强技赋能"创新党建工作，取得了一系列成效，为新形势下建立创新型、服务型、学习型党支部夯实了基础。2022年5月，工学院教工一支部入选首批全省党建工作样板支部培育创建单位。

一、创新党建，发挥战斗堡垒作用

（一）标准引领，加强党员教育管理

工学院教工一支部不断探索党建工作思路，大胆创新党建工作方式，建立例会工作台账，通过一月一主题，赛进度、亮成绩、查问题、找原因，有效推动工作落实，将抓党员学习教育常态化纳入党建工作内容，采取不定期督查，压实党建工作责任。盯紧薄弱环节、督促问题整改，确保学习教育扎实推进。结合昆山登云科技职业学院庆祝建党100周年"七一"表彰活动，工学院教工一支部组织开展"学党史 悟思想 办实事 开新局"专题组织生活会，引导党员积极践行"四个合格"，以实际工作检验党员学习教育常态化、制度化成效。

（二）载体支撑，激发支部工作活力

工学院教工一支部注重创新"主题党日"活动形式，丰富活动内容，不断激发党支部工作活力。支部先后开展赴锡南革命烈士陵园凭吊先烈，观看爱国主义影片《长津湖》，到中国共产党诞生地嘉兴南湖红船研学等实践活动，教育引导广大党员坚定理想信念，陶冶道德情操，增强发展信心，提升

思想境界，发挥模范带头作用，培养执行力、凝聚力。

(三) 团结协作，提升党员个人素养

工学院教工一支部积极发挥党员教师主观能动作用，始终坚持集中讨论、集体决策，处处带头、以身作则；认真召开民主生活会、座谈会，开展批评和自我批评，沟通思想，查找问题，增进团结。在疫情防控期间，党员教师积极参与疫情防控工作，无论是艳阳高照，还是大雨倾盆，党员教师都任劳任怨，坚守"阵地"，为疫情防控筑起了一道坚强的防线。

二、严格师德，落实立德树人职责

(一) 注重思想引领，强化专业教师立德树人的责任感与使命感

注重思想引领，引导支部党员在思想上进一步增强立德树人的责任感与使命感。工学院教工一支部将学习《中华人民共和国职业教育法》与贯彻教师立德树人职责的工作有机结合，以此为契机对支部所有党员进行深入的思想教育。一年来，工学院教工一支部在工学院党总支的支持下开展了主题党日、专题座谈会、学习交流会等各类多层次、多形式的学习活动，党员教师带领青年教师积极参与学习活动，在自觉加强立德树人职责意识方面经历了一场深刻的精神洗礼。

(二) 完善制度建设，明确专业教师立德树人的育人职责

落实专业教师立德树人职责，制度建设是保障。工学院教工一支部严格执行学校关于专业教师队伍建设的各项文件，并在此基础上先后制定了《工学院人生导师工作管理规定》《工学院兼任班主任工作职责》等一系列规章制度，逐步构建起一套完善的制度体系。以上制度的构建，进一步明确了教师育人的权责、管理规范、岗位任职资格的基本条件、审核流程等，有助于建立健全师德师风建设长效机制。

(三) 发挥模范引领作用，强化自主学习与实践

工学院教工一支部借助"学习强国"等平台积极开展自主学习，交流意见，将党的理论学习与个人世界观有效融合，指导党员日常工作和生活实践，使党的理论真正内化于心、外化于行。王梦晨同志在承担省级职业技能大赛训练指导学生工作的同时，主动承担扬州班的班主任工作，将思政课程融入专业技能训练，得到了学生的一致认可。他所指导的学生还获得2021年省级技能竞赛三等奖。

三、先锋模范，强技赋能助学风

（一）融合平台，产教融合"双深化"

工学院教工一支部配合昆山登云科技职业学院党总支与苏州江南航天机电工业有限公司开展校企结对党建共建，同时还邀请高级工程师做项目专业辅导，打造高校与企业协同培养平台，促进党建阵地联动和专业互动，实现资源共享、互利双赢。

（二）新老传承，思政技能"双促进"

积极实施人生导师和辅导员的双导师负责制，借助校外红色资源，开展体验式教学，传承红色基因。党员结合专业特长建立传、帮、带机制，深入实施"工学院青蓝工程"，搭建新老教师经验分享平台，定期举办党员骨干教师分享会等，以实现新老联动。2021—2022年，党员教师获批省级教改项目3项、专利授权1项，在省级以上期刊发表论文12篇，并获得江苏省微课大赛二等奖等荣誉。

（三）强化教学改革，培养高素质技能型人才

为强化教学改革，工学院教工一支部引领老师参加专业教学比赛、各级技能竞赛，指导学生参加校内外技能大赛，"以赛促学，以赛促教"。从2019年至今，支部师生参加江苏省职业院校技能大赛，共获二等奖6项、三等奖3项。据支部统计，2017年至今，指导学生参加省级以上职业技能大赛的专业老师共有17人次，其中14人次为党员教师指导，参赛学生共有20人。在长达几个月的备赛期间，支部的党员教师勇挑重担，主动放弃节假日、休息时间，百分百投入指导学生，对学生负责，甘于吃苦，乐于奉献。

工学院教工一支部在昆山登云科技职业学院党委和工学院党总支的领导下，将继续发挥好基层党组织的战斗堡垒作用和党员的先锋模范作用，不忘初心、牢记使命，为支部进一步创新工作锐意进取，助力学校高水平发展。

（昆山登云科技职业学院工学院教工第一党支部）

共情、共勉、共建　"红色伙伴"行动

2022年8月20日，常熟市教育工委举行"红色伙伴"行动启动仪式，推动19对公办学校和民办学校党组织共建共享。

自2017年公办学校和民办学校党组织隶属常熟市教育工委之后，常熟市教育系统的学校党组织建设日渐规范，党建水平节节攀高；特别是近年来在"大党建"理念引领下，公办学校和民办学校的办学水平也得到了大发展。"红色伙伴"行动就是要让公办学校和民办学校在"红色串门"中共情、共担、共勉，全方位辐射公办学校和民办学校党建经验与资源，促进公办学校和民办学校党建全面进步、全面过硬。

一、强头雁：共情一种信念，共担一份责任

2022年9月20日，常熟世华初级中学校（民办）党支部书记丁磊与东南实验幼儿园（公办）党支部书记任莉进行了第一次的碰头，双方交流了学校党组织建设过程中的问题与经验、困惑与思考，探讨了两所学校的发展与理念。交流讨论结束后，任书记观摩了世华初级中学校丁书记的主题党课——"学习习近平总书记重要讲话精神，迎接党的二十大"。随后，任书记也向丁书记介绍了东南实验幼儿园党支部当月的党日活动安排。最后，世华初级中学校丁书记和车智慧校长带领任书记参观了学校的党员活动室，任书记也对该校党员活动室的布置安排提供了诸多建议和指导。一次时间不长的碰头，一次简单的交流与分享，一次活动的观摩与参观，看似没有热闹的场景，也没有累累的硕果，但两位书记在交流中更加明确了党建工作的理念，明确了为谁办教育的责任与担当。

常熟市民办中小学共有19个党组织书记。他们当中有的是学校的创办者，有的是校长，还有的则在学校担任其他职务。他们对教育教学的管理都有独到的见解，而在党建工作方面还略显经验不足、研究不深。"红色伙伴"行动为公办学校和民办学校提供了相互学习交流的机会，我们相信，有这样经常性的共叙与共话，"头雁"的领航能力定会一步一步地增强。

二、强先锋：共勉一种追求，共享一份进步

2022年9月27日，海虞中心小学（公办）党支部与常熟市育才学校（民办）党支部联合开展了"红色伙伴"行动项目——强先锋活动。海虞中心小学党支部蔡怡书记主持了党员教师结对协议书的签字仪式。两校的教师代表均做了表态性发言。育才学校党支部王学松书记最后说："结对牵手，能进一步提升我校党员教师整体素质，助力我校党建提质增效。公办学校的优质党建资源和师资力量，一定会促使我校党建和教育教学水平向更高的一个台阶迈进。"

常熟市19个民办中小学党组织共有近200名党员，其中战斗在一线的党员教师有160多名，他们都是学校教育的脊梁。如何发挥好党员教师的先锋作用是学校党组织党建工作的中心课题和主要任务。"强党建"的落脚点就在"强先锋"。公办学校和民办学校"红色伙伴"行动项目搭建的红色"友谊桥"，将进一步释放出公办学校优质的"四有好教师"团队资源。"手牵手"让党员教师在追求理想信念与教育服务中共勉，在政治思想与业务能力的进步中共享。

三、强组织：共建红色堡垒，共赢融合发展

2022年9月27日，常熟市石梅小学（公办）党总支副书记姚敏娥带领8位党员来到常熟昆承湖外国语学校（民办），与该校小学部的10多位党员教师一起参加两校党组织联合开展的"红色伙伴"行动启动仪式。常熟昆承湖外国语学校党支部副书记周根林布置了行动计划。两校将以"教学互助，文化共建；先锋互学，特色共创；优势互补，资源共享"为行动路径，开展"党建牵手、党员牵手、学生牵手"行动。

常熟市公办学校和民办学校党组织规模大小不一、情况各异，在组织建设方面呈现出不均衡性。"红色伙伴"行动将充分利用公办学校优质党建资源，组织开展主题党日观摩、党建活动共办等"强组织"活动，通过公办学校和民办学校党建资源共享、组织生活互动、党员教育联办等,创新活动形式,丰富活动载体,以共建红色先锋堡垒,共赢党建与教育的融合发展。

相信"红色伙伴"行动项目的启动,一定会促进常熟市公办学校和民办学校党建工作全面覆盖、全面进步、全面过硬。项目在以"公"带"民"的同时,也定会以"民"促"公"。相信在不远的将来,常熟教育共建共赢的"大党建"格局将会激发出新的活力。

(常熟市民办学校党委)

外地教师留校过年　别样"锋"味明亮心田

春节的脚步越来越近,为了让留校过年的外地教师感受到新春"家"节的温暖,张家港市外国语学校党委主动谋划、积极行动,让这段留在学校过年的难忘经历充满了不一样的"锋"味。

活动以冬训为契机,将冬训工作和防疫工作、传统节日教育相结合,充分发挥支部战斗堡垒和党员先锋模范作用,积极引导外地教师留港留校过年,做好政策宣传、后勤服务、慰问联欢等一系列工作,将理论转化为实践,将讲堂移动至现场,让冬训更接地气、更有温度。

一、"锋"味送温暖

校党委依托各学部微信群,向外地教师宣传留港政策、留校政策,发动外地青年教师积极参与"为爱守候"活动。各学部行动支部党员点对点与外地教师联系,鼓励他们留港留校过年,为防疫工作贡献自己的一份力量。同时,广泛宣传党委策划的系列关爱活动,进一步提升留校教师的归属感。

校党委牵头,各支部党员积极行动,奔忙在"锋"味送温暖的路上。

(一)住得舒适

所有留港过年的外地教职工除了能单独解决住宿的之外,一律都住在外国语学校本部宿舍。学校为了让老师们住得舒服,有更多家的感觉,将原来的部分学生宿舍改造成教师公寓,电器、网络等一应俱全,学校还专门统一采购物品用于各教师公寓的春节氛围布置,让教师公寓更有年味。

(二)吃得美味

所有留港过年的外地教职工从学期放假开始,均可在本部食堂免费用餐，食堂提供早、中、晚三餐伙食，伙食标准高，还经常变换菜谱，注意营养搭配。

（三）过得多彩

"我以我手写春联，让浓浓的墨香浓郁新年的芬芳；团团圆圆包饺子，让喜气洋洋冲淡思乡的忧愁；欢欢喜喜来联谊，让热气腾腾的互动带来新一年的好运"……各支部党员群策群力、各展身手，为外地教师送上外校特质"年味大礼包"。

大年初一，常熟市委教育工委书记、常熟市教育局局长杨志刚来校看望和慰问外地、外籍留港过年的老师们，杨局长代表常熟市教育局将新春大礼包送给老师们，并和大家齐聚一堂共贺新春。杨局长询问了老师们留港过年的生活情况，对学校的精心安排和暖心服务给予了充分肯定。杨局长说："趁此佳节，老师们可以游览港城的大好风光，探寻港城的传统年味，希望大家在港城过一个快乐祥和的春节。"许永华校长、郭慧副校长、徐进高副校长、秦惠华副校长、许文琴副校长也来到学校向留校过年的老师们拜年、分发新年红包。

"今日张家港"微信公众号和张家港市融媒体平台都对学校的"锋"味送温暖活动进行了报道。

二、"锋"味保安全

"感谢学校送来的'安全大礼包'，我很放心孩子留在学校过年！"一位留校过年的教师的父亲高兴地说。

寒假期间，学校党员志愿者共同组成了一支志愿服务队，对留校过年的教师进行疫情防控和安全生活保障服务。党员志愿者为他们检查门窗、检修电器、参与食堂食品抽检，对门卫、舍管等重点岗位人员进行安全管理和教育培训，保证留校留港过年的老师们安全过年与疫情防控工作落实到位。

党员志愿者还与留校老师一起贴上了"安全过年"手写春联，为他们送上春节的祝福。

三、"锋"味品文化

学校党委在做好疫情防控的基础上，联合各支部党员先锋组建志愿者队伍，为留校教师策划具有张家港特色的深度文化游，并组成若干个团队，分工明确、各展所长——做司机、当导游、"变身"讲解员，为留港教师奉上丰盛的文化大餐。

逛一逛博物馆，感受长江文化的魅力；游一游恬庄老街，体验江南人家慢生活的悠闲；访一访河阳山歌馆，听一听古老歌谣的音韵；登一登香山，欣赏红梅盛开的美好……港城清新的风景、悠久的文化和暖暖的人情给留校过年的老师们留下了深刻的印象。

针对留校教师多为青年教师的现状，学校党委还在校内开设先锋讲堂，由党员志愿者带领留校教师回顾学校的发展历程，深入解读学校的"和"文化，让老师们的心和学校贴得更近。

学校党委深知，随着学校事业的拓展，将会有越来越多的外地青年教师加盟到学校大家庭中，"锋"味品文化不仅是冬训工作重要的一环，更是日常党建非常重要的一部分。学校党委将总结本次冬训工作品文化活动的得与失，以进一步推动和完善这项活动的开展。

外地教师留校过年，学校党委充分发挥支部战斗堡垒和党员先锋模范作用，让温暖的、安全的、文化的"锋"味温暖留校过年老师的心田。冬训是一次"补钙"的机会，理论只有同实践相结合，才能迸发出蓬勃的活力。学校党委用多样的形式、丰富的内容，灵活生动地开展冬训活动，做到既注重实效，又有效提升党员的理论水平和实践能力。"服务"和"补钙"，一个都不少。

（张家港外国语学校党委）

提升组织功能　凝心聚力助发展

苏城外国语学校党支部自2019年11月1日成立以来,在元和街道非公党委的正确领导下,在全体党员和同志们的共同努力下,围绕"立德树人"中心工作,深入开展各项党建活动,进一步解放思想、转变观念、务实创新,牢固树立服务教育、服务师生的思想,坚持政治理论学习,狠抓党支部班子建设,使党支部的各项工作均走在前列。

一、党支部班子团结民主,充分发挥示范引领战斗堡垒作用

学校党支部坚持德才兼备的原则,支部委员党性强、素质好、作风正,热爱党务工作,团结性强、有较强组织协调能力。党支部班子整体素质高,结构合理,规章制度健全完善,执行文件精神彻底到位。党支部班子任务分工明确、协作有力、各司其职,完成效果出色。

学校党支部坚持上级党组织的领导,坚决执行上级党组织的决定,认真贯彻上级党组织的精神。学校党支部书记陈杰定期向上级党组织汇报组织发展情况,定期接受上级党组织意见建议,及时调整支部工作规划,坚持党组织工作重心。2022年9月,学校党支部书记陈杰参加"五聚焦五落实"深化提升专项行动专题培训班,学习基层党组织先进管理经验,进一步提高了政治引领水平。学校党支部对支部委员的政治学习每学年都有学习计划,坚持每月召开一次支部委员会议,会议学习近期中国共产党及上级党组文件精神,并主动汇报自学情况,开展批评与自我批评,对群众关注的政治问题给予引导。学校党支部还积极为学校发展培养后备干部,发展了1名新党员。学校党支部党费收缴充实,上交及时,党费使用公开民主。学校党支部活动经费开支坚持严格的组织审批程序；未经组织程序上报的事项不予立项研究；未经党支部立项研究的事项，不予执行；未经经审委员督办的事项不予报批。

学校党支部班子成员虽然都兼职任课且任务较繁重，但对工作从不推诿，对同志从不诋毁。优秀的支部成员确保了党支部能始终坚持用制度管人、以民主服人、以党性育人，使学校党支部成为真正引领党员干部的一个战斗堡垒。

二、党支部坚持立足一线，为促进学校发展发挥积极作用

苏城外国语学校党支部在每学期的民主生活会上，要求每名党员都能对照自己的工作生活，进行深刻的批评与自我批评，大家都本着"惩前毖后、治病救人、知无不言、言无不尽"的原则，虚心交换意见，广开言路，形成了一个团结向上、富有战斗力的集体。全体党员围绕立足一线，努力提升教育教学质量目标，扎扎实实工作。学校党支部号召全体党员开展创先争优竞赛活动，学部党员围绕教育教学工作重点，同心协力，献计献策，涌现出了教师用文涛、张文倩等多名党员先进带头人，还带动了一大批青年积极分子。

同时，学校党支部积极参与学校的日常管理，定期组织开展全校仪容仪表大检查和环境卫生大检查，支部书记、总校长陈校提出了以检查促规范、以检查促习惯养成的总体要求，全体党员和入党积极分子都参与其中。仪容仪表大检查和环境卫生检查，涉及的人员多、场室多、项目多，各小组组长提前分工，认真开展检查工作，逐班逐办公室进行打分，扣分项写明扣分原因，过程中对落后和先进典型做好拍照。全体党员主动服务担当，认真开展检查工作，为促进学校发展发挥了党支部积极作用。

三、党员政治素质高，业务能力强，服务教育意识好

苏城外国语学校党支部始终把思想政治教育摆在各项工作的首位，党员政治思想工作依靠党员实践活动来检验。学校党支部要求党员坚持服务师生，深入一线教学；要求党员自始至终坚持在基层服务，问教于民，在群众中了解他们对党的教育方针的知晓情况，以及教育惠民政策的执行情况。坚持教育公平，针对学生资助等群众敏感问题，做到公正、公开、公平，真正把党的政策落实好、执行好。党支部活动要求必须了解教职工的生活、工作情况，知道他们学习、生活、工作上的困难，帮助教职工走出困境、快乐工作。学校党支部执行规划政策，问计于民，以积极听取群众意见、坚持稳定和谐为准则，开展评议、整改活动，有力地促进了其在基层服务中的作用发挥。

学校党支部坚持师德师风教育不放松，努力提升教学质量，学校综合实力明显提升，消除了周边群众对学校教育管理、教育水平、学生成长等方面的担忧和疑虑。同时，学校党支部大胆创新解民"怨"，党员干部在一线工作，敢担责。针对近年来教育招生政策变化、资源整合、职称评审、岗位聘任、绩效考核中群众敏感、不理解、不满意的问题，每个党员都不推卸责任、不隐瞒实情，积极主动解释，和蔼满意答复。近年来，没出现任何群众抱怨、闹事、上访等过激行为。

学校党支部现已成为苏城外国语学校发展中的一支凝聚力极大、战斗力极强的坚实堡垒。学校党支部要求每个党员都要耐得住寂寞、守得住清贫、管得住小节。针对社会上宴请、受贿等丑恶现象，学校党支部要求党员干部务必要保持党性原则，务必要明确责任义务，在工作中时刻提醒自己保持清正廉洁、克己奉公，在教育战线起到很好的表率作用。

苏城外国语学校党支部共有党员 47 名，这些党员已成为促进学校发展的中坚力量。今后，学校党支部将一如既往地为学校和属地的民办教育事业发展贡献自己的力量。

（苏城外国语学校党支部）

结合教育督导　提升党建质量

2020年2月,中共中央办公厅、国务院办公厅印发了《关于深化新时代教育督导体制机制改革的意见》(以下简作"《意见》"),《意见》第八条指出:"加强对学校的督导。……重点督导学校落实立德树人情况,主要包括学校党建及党建带团建队建、教育教学、科学研究、师德师风、资源配置、教育收费、安全稳定等情况。"由于新的督导文件已然将党建工作列入督导内容,所以2020年的督学工作比之前的督学工作增加了一项"党建工作的督导"。

昆山市委教育工委为加强对民办学校党建工作的指导,于2020年上半年为每个民办学校基层党组织选派了一名"先锋导师",履行党建活动的组织员、党的政策的宣传员、发展党员的联络员、经济发展的协调员、依法经营的监督员的基本职责,为民办教育发展把好"方向盘",打造"动力源",形成"助推器",从整体上提高民办学校党建专业化水平,使民办学校的党建工作逐步规范、健康发展。

2020年上半年,前景学校(蓬朗校区)的责任督学、党建工作先锋导师高向红同志对前景学校党建工作进行督导。在以访谈、查阅资料、查看党建平台等方式督查时,高向红同志发现了一个问题:学校有31名党员,但组织关系正式转入学校党支部的只有4人,学校正式转入组织关系的党员人数与流动党员的人数实在相差太大。针对此,高向红同志加强与前景学校党建负责人王辉书记的联系和沟通,仔细分析原因,寻找对策,加强指导。

一、查找党建工作短板和弱项

民办学校客观存在人员流动性大、流动党员多的现象，这也是一个普遍现象。分析其原因，可能有以下几个方面。

（一）工作岗位不稳定

民办学校教师没有正式教师编制，且普遍存在待遇低、工作负担重等现象，因此党员教师的工作岗位稳定性相对差，工作岗位不稳定，组织关系就不太好转。

（二）思想认识不深刻

有部分党员已经在民办学校工作稳定了，但思想认识不深刻，对转组织关系抱无所谓态度；有部分党员想转，但不清楚转组织关系的流程；还有部分党员因为嫌转组织关系手续麻烦而懒得去转。

（三）党员管理不到位

很多党员组织关系在老家，长时间在外工作，有部分流动党员可以参加工作单位的党组织生活，但还有部分党员的工作单位没有党组织，回老家参加组织生活有困难也不现实。这部分党员中有些党员除了交党费外，几乎不参加组织生活，更有甚者连党费也不交，长期脱离党组织，都忘了自己的党员身份了。

二、坚持问题导向，找准工作着力点

党员教育管理是党的建设的基础性、经常性工作。党的十八大以来，以习近平同志为核心的党中央高度重视加强党员教育管理工作，推动形成了全党从严从实抓党员教育管理的良好态势。2019年5月，中共中央印发了《中国共产党党员教育管理工作条例》（以下简作"《条例》"），这是第一部关于党员管理教育的基础法规，对党员教育管理的内容、方式、程序等做出了规范，是新时代党员教育管理工作的基本遵循。

为了加强对流动党员的管理，让更多的流动党员尽快将组织关系转入学校，党建先锋导师提出了以下指导建议。

（一）分析原因，制定不同措施

学校党支部首先要摸排了解每个党员到本单位的工作时间、组织关系所在地、党员档案等，了解每个党员的想法，了解其没有转组织关系的原因，在了解清楚每个党员的具体情况后，再因人而宜，制定不同措施。

（二）加强宣传，提高思想认识

学校党支部要组织全体党员学习《条例》，并对《条例》相关内容进行宣传。《条例》第五章第二十五条对党员的组织关系有明确要求："党员工作单位、经常居住地发生变动的，或者外出学习、工作、生活6个月以上并且地点相对固定的，应当转移组织关系。"工作地与组织关系隶属所在地不同，参加组织生活有一定困难，组织关系能转的，要尽可能转到工作所在地。要通过学习宣传，使党员明确这是《条例》所规定的，作为党员应该自觉履行这一规定要求。要多措并举，使党员们更清楚地了解党员管理的政策法规，提高思想认识。

（三）指导沟通，熟悉转接流程

可能有部分党员想转组织关系，但不知道转接关系的流程，或者因为怕麻烦而不愿意转。学校党支部要进行转接组织关系流程的指导，让每个流动党员清楚转接流程；也可以安排已经完成转接手续的党员与流动党员结对帮扶、同伴互助，以更快地熟悉整个流程。同时，学校党支部要和流出地党组织对接，做好流动党员组织关系转接工作。

（四）加强管理，强化队伍建设

《条例》第七章第三十二条对流动党员管理也有明确要求："基层党组织应当加强流动党员管理，对外出6个月以上并且没有转移组织关系的流动党员，应当保持经常联系，跟进做好教育培训、管理服务等工作"；"流入地党组织应当协助做好流动党员日常管理。按照组织关系一方隶属、参加多重组织生活的方式，组织流动党员就近就便参加组织生活"。因此，学校党支部有义务对暂时没有将组织关系转入学校的流动党员负起教育管理的责任，强化党员队伍建设。

三、常态长态持续用力，推进工作落实

学校党支部第一时间与流动党员进行交流沟通，了解原因，同时，学校三个校区设立了三个党小组，号召每个小组进行帮扶结对，帮助指导未调转组织关系的党员尽快完成调转手续。党小组长、团支部书记、少先队辅导员、后勤主任、学科组长带头人，首先做到以身作则示范带领，第一时间完成了组织关系调转工作。领导干部带了头，身边的党员也行动了起来。

对于党支部工作的考核，三个校区每个月有排名，三个校区的党小组每

个月有排名,每个党小组的党员有排名,整个党支部全体党员又有排名。考核内容的其中一项也是最重要一项,就是党员关系的转入,学校党支部将这一条作为考核优秀党员的一项内容。对于党员关系转入速度快、转入人数多的校区和党小组,学校党支部在学期末进行表彰。每个月公开、公正、及时的评价与排名,包括对优秀党员的奖励,调动和激励了党员们的积极性,也增强了党员们的荣誉感。

学校党支部组织开展丰富多彩的主题党日活动,在活动中引导党员把自己摆进去、把职责摆进去、把工作摆进去,提高政治站位,强化责任担当,增强过硬本领,做好本职工作,引导党员增强"四个意识"、坚定"四个自信"、做到"两个维护",增强党性,提高觉悟,不忘初心、牢记使命,在工作和生活中充分发挥先锋模范作用。全体党员在活动中感受到了学校荣誉感,找到了组织归属感。

仅仅半年的时间,已经有 10 名党员的组织关系转入学校党支部,还有部分正在转接过程中。同时,还有 12 名教师向党组织递交了入党申请书。学校党建工作在上级领导部门的指导与帮助、关爱与扶持下健康发展。

(昆山开发区前景学校党支部)

聚焦核心素养　提升教育质量

为进一步推进太仓市华顿外国语学校党组织建设，充分发挥党组织的模范和示范作用，学校以习近平总书记系列讲话及党的二十大报告精神为指引，以提高党组织的领导协同力、加强党员先进性为出发点，以推进学校发展为工作目标，打造体现时代特征、实现华顿教育"高品质、高质量、高气质、高水准"的现代化学校，努力营造积极、健康向上的育人环境，为学生终身发展奠定良好的基础，为教职工创建良好的校园环境，使华顿外国语学校成为太仓民办教育的一张亮丽名片。

一、创新创优，引领学校教育教学质量提升

华顿外国语学校党支部以党建引领，融合创新，结合学校 IB 成员校优势，带领党员同志深入学习传统教育与国际教育相融合的理念，以习近平总书记对教育的"九个坚持"和"九个要求"为指导方针，努力以党建工作的创新创优引领推动学校教育教学的提质增优，全面提升学生的核心素养。

（一）"党建+课程"，服务学校中心工作

学校党支部书记牵头，积极组织教师参加校内外各类学习交流与培训，学习新课程理论知识，不断优化教师的教育理念与教育行为；结合学校工作实际，对照上级党委工作要求，围绕核心素养，发挥党员同志模范带头作用，积极探索开发"STEAM"课程、"UOI 探究课程"、情商课程等校本课程。党建工作课程化的一系列措施，提升了师生的言行修养、人文素养、专业素养、思想道德修养，为实现学校跨越式发展提供了思想和组织保证。

(二)"党建+教学",提升学校管理内涵

学校党支部书记带领全体教师积极探索以学生为核心的课堂教学改革,在新形势下,带领党员教师研究探索高效线上教育模式,努力实现线上线下教育的有效融合。首先,党员先锋岗示范课从生动课堂、高效课堂、专业教学等方面带动全体教师在教育教学方面的学习。其次,由学校党支部书记牵头与其他公办学校共同开展的党员先锋岗示范课互学互评活动,开阔了教师的眼界,更好地发挥了同伴互学的精神。

(三)"党建+育人",提升培养发展目标

充分发挥导师制与专业心理党员教师的先锋模范作用,积极引导和培养全体教师以"三心"育人:"真心"关爱每个学生;"尽心"做好每件学生工作;"用心"探寻育人新方法、好方法。

(四)"党建+服务",提升专业服务水平

党支部书记亲自带头参加党员先锋示范岗、护学岗、督导岗等活动,筑起了学校的第一道安全防线,充分展示了党员同志的主人翁意识、人民公仆意识、全面服务意识。全体党员同志树立"管理即服务,服务是更好的管理"意识,积极影响和带动非党员同志服务意识的提升。在实际工作中,党建工作紧紧围绕"服务"做文章,促进党建工作发展。

二、取得的成效

通过"党建+"品牌项目的实践,全体党员教师能发挥自身优势,精致教育、教学的每个环节,走在改革、创新的前列,在业务上能发挥引领示范作用,能影响周边一片人,并带领自己的责任团队快速发展。党员示范课活动取得了良好的效果,对高效课堂、生态课堂建设起到了积极的推动作用。

三、存在的不足

太仓市华顿外国语学校是一所寄宿制学校,教师日常教育教学工作比较繁重。学校党支部在组织学习活动时,需要更科学、更合理的安排,在保证党政工作开展的同时,进一步探索创新高效工作的新模式。

在组织学习的过程中,存在理论学习与实践联系不够紧密的问题,需要加强理论与工作实践的紧密联系。多组织"走出去、引进来"的党建工作交流模式,让每位党员有更多的参与感与获得感。

今后,学校党支部将在上级党委、教育主管部门的支持帮助下,进一步

发挥党组织的战斗堡垒作用，不断创新工作方式，提升学校核心业务水平，办家长放心、社会满意的国际学校，将学校打造成为太仓民办学校的一张亮丽名片。

（太仓市华顿外国语学校党支部）

"先锋有我" 支部在行动

基础教育阶段是学生奠定思想和学习基础的关键阶段，这一阶段的教育肩负着为学生谋未来、为国家育人才的重要使命。加强中小学校党的建设对落实立德树人根本任务、办好人民满意的教育具有重大意义。在学校发展过程中，张家港市金城学校党支部不断深化育人途径和手段，课程育人重融入，文化育人重熏陶，活动育人重导向，实践育人重体验，管理育人重规范，协同育人重联动，不断提高教书育人、立德树人的实效。

一、"先锋"工作，有你有我

2022年3月，张家港市金城学校党支部正式获批成立，通过选举由学校举办者方国成担任党支部第一任支部书记，支部共有党员4人、入党积极分子6人。支部成立8个多月以来，方国成书记立足学校工作实际，充分发挥党支部的作用，积极创新支部活动形式，开拓工作思路，推动工作落实，使党建工作有活力、见实效。支部党建工作以"先锋有我"为主题，先后开展了"疫情防控 先锋有我""支部建设 先锋有我""庆双节 喜迎二十大 先锋有我""意识形态安全自查 先锋有我"等一系列党员组织生活活动，起到了明方向、聚人心、提士气的作用，做到了思想道德教育有抓手、文化知识教育有突破、社会实践教育有成效，真正使"创造适合师生共同发展的教育"这一办学理念落地生根。同时，学校党支部注重组织开展形式多样的党员学习活动、丰富多彩的党员体验活动等，开拓了大家的眼界，提升了党员的党性修养，强化了作风建设，更好地服务了学校教育教学工作。

二、"先锋"事业，从我做起

金城学校党支部在党建工作方面发挥了引领作用。方国成书记亲切地谈了自己参加疫情防控工作的切身感受："2022年2月，张家港市疫情防控形势突然严峻，市防疫办要求全镇全员核酸检测，各社区急需自愿服务者。我看到消息后，想到自己是一名老党员，应该站出来为大家做些力所能及的事情，于是马上在'志愿张家港'App上注册成为一名张家港教师志愿服务者。虽然我因各种原因没有参加过几次志愿活动（目前做了6次），但我做得很开心，也很欣慰！感觉虽然只是做了一件小事，但我作为一名共产党员，我开始做了，开始为人民做服务了！同志们，现在张家港市金城学校党支部已经成立，这是上级党组织对我们的信任和要求。为什么说是要求呢？因为作为党的最基层组织，学校党支部就像人体的细胞一样，好的细胞可以健康工作，坏的细胞则可能演变成癌症，所以我们不能辜负了上级党组织对我们的期望。各位同志应该在自己平凡的工作岗位上起到先锋作用、带头作用、模范作用！我们要有自加压力、'先锋有我'的气魄，要有'我是党员''我是模范'的干劲，要有以党员为荣、为人民服务的觉悟！"这平凡而又质朴的话语，让每位党员同志都对自己有了新的反思，更加坚定了前进的步伐。"路漫漫其修远兮，吾将上下而求索。"相信金城学校党支部一定能够在方国成书记的带领下，自觉地、实在地、有目标地、有计划地、有成果地、有总结地、有进步地积极开展好每次党员生活组织活动，继续提高党支部在老师群众中的凝聚力和感染力，在学校的教育教学工作中尽一份党员的力量！同时方书记也鼓励各位党员同志携起手来，团结在以习近平同志为核心的党中央周围，共同学习、一起进步，为把金城学校党支部建设成张家港市先进党支部而努力奋斗！

三、"先锋"教育，金城温度

自学校党支部成立后，党支部党员在推动"做有温度的教育"方面做了一些积极尝试。新学期开学后，学校召开了以"先锋有我 关心困难学生"为主题的支部全体党员会议，会上布置了以下任务：因经济原因不能上学的学生，由方国成书记负责解决该生的经济困难；有学习困难不能解决的学生，由于莉莉同志会同学校教导处负责提供辅导；有心理健康问题的学生，由李无字同志会同学校德育处进行疏导安抚。经过努力，学校在学生喜爱度、家长满意度、社会认可度、教师幸福指数等方面都收获了较好的答卷。方书记带领金城学校党支部全体党员不忘入党初心，满怀教育激情，积极优化教育氛围，凝心聚力谋求科学发展，引领孜孜以求的金城人做有情怀的教师，办有温度的教育。

四、"先锋"建设，制度为基

成立金城学校党支部建设工作领导小组。方国成书记把学校入党积极分子纳入每月党的组织生活，提前接受组织的检验。方书记组织召开学校党支部党员和入党积极分子全体人员大会，会上认真听取大家建议，共同研究、认真制定了金城学校党支部党员学习工作管理制度、"三会一课"制度、党员先锋模范制度、新教师三年过三关制度、党员工作目标考核制度、岗位连带追究制度、党员廉洁制度等多项事关支部建设与学校发展的民主制度，做到制度完善，措施得力，落实到位。学校党支部要求全体党员在平时工作中时刻亮身份、处处为先锋，不忘初心、牢记使命，切实发挥党员的先锋骨干带头作用，用党员的实际工作业绩赢得广大教师对党组织工作的信任与肯定；坚决树立心往一处想、劲往一处使，少喊口号、多求实效的支部务实创业团队精神。

汗水浇出丰硕果，业绩写满奋斗路。相信张家港市金城学校党支部在上级党委的正确领导下，通过全体党员和入党积极分子的共同努力，并以兄弟学校党支部建设的先进工作方法和经验为榜样，认真学习、研究、实践，一定能够建设成为苏州市民办学校先进党支部。

（张家港市金城学校党支部）

用"心"办教育 "融"大爱于新市民

苏州工业园区新融学校是苏州工业园区唯一的普惠性民办学校，创办于2015年。自学校创办以来，学校党支部立足服务苏州工业园区新市民（外来务工人员）子女的特殊使命，不断践行着服务、奋进的党组织担当。学校党支部以党建组织树堡垒、服务中心促大局、为民服务解难题为核心出发点，围绕"三哪里"的思路（即中心工作推动到哪里，教师支部的行动方向就是哪里；外来务工子弟成长需求在哪里，教师党员作用就发挥到哪里；教师队伍成长的方向在哪里，组织双覆盖就到哪里），推动规范管理、严谨办学，充实师资力量。学校管理层成员大部分为党员，他们积极推动学校从无到有、从有到优。学校党支部2021年获评为四星级党组织，学校荣获"苏州市民办教育协会先进集体"荣誉，并且连续多年在教育系统综合考评中获"优秀"等第，是苏州市民办学校党建工作促进会理事单位。

一、品牌建设

新融学校党支部以"心融"为党建品牌。"心融"，"心"即凝心聚力、实心实干、爱心奉献，融聚党员干部、全体教师提高教育质量动能；"融"，即融入、融合、融汇、融通，全体教师将知识和道理融化汇合，让学生融会贯通，以最大的努力融园区大智慧、融和谐发展大爱之情。学校党支部以融合学校党建工作与教育教学各项任务为目标，努力把学校党组织建设成为引领发展、服务师生、凝聚人心、促进和谐的坚强领导核心和战斗堡垒，永葆党员队伍的先进性，为推进学校改革和发展提供坚强的组织保证和精神动力，为创建最优质的新市民学校、最幸福的同城校园而努力奋斗。

二、具体工作

学校党支部以品牌建设为切入点，坚持"三会一课"制度，每月按时召开支委会，开展主题党日等活动。坚持民主生活会制度，党员每半年就本人的思想、工作、学习及做群众工作等情况向党支部及党员做一次汇报。坚持民主评议党员制度，开展批评与自我批评，自我革新。坚持定期讲座制度，学校党支部成员围绕党建工作和教育教学的难点、热点、疑点等问题，每学期至少举办一次专题讲座，宣讲党的基本知识，介绍党的先进思想。坚持党员干部听课制度，要求每位党员每周必须听一至两节课，为教师做出榜样。学校高度重视党建工作，并且有一定的经费保障，设有专门的党员活动室。在阵地建设上，学校党支部利用学校文化长廊、大厅等场所，融入学校党建品牌宣传，用孩子们自己的作品诠释对党的热爱。在苏州工业园区教育党委的坚强领导下，学校党支部积极通过党建引领助力教师队伍成长，帮助学生融入第二故乡——苏州。

（一）以"三大工程"推动教师队伍成长

教育大计，教师为本。只有努力打造一流的教师队伍，才能创造一流的教育业绩，学校也才能真正办学生喜欢的学校、人民满意的教育。新融学校的特殊性导致学校优秀师资流动性较强，尤其是在过去的两年间，先后有数十名教师离职，这不仅影响了学校教师队伍的稳定，更影响到孩子的学业发展。学校党支部和行政部门看在眼里、急在心里。学校党支部通过在组织生活会上进行谈心谈话，深入党员教师中去了解他们的困惑。学校党支部与校理事会积极沟通，制订并实施薪资留人、情感留人、文化留人、事业留人等举措，千方百计稳定教师队伍。

一是实施全员教师"强基工程"。以新时期"四有"好教师为标准，在每月主题党日时间，采取党员参加、群众列席的方式，组织全校教师认真学习，加强业务能力提升，助力教师职业规划，以亮身份、亮业绩的方式，抓好示范工程。学校党支部与学校行政完善和修订教师考核方案，从制度入手实施"强基工程"。

二是抓好领导班子"示范工程"。学校领导班子做到人人分管工作创先进、教学工作争一流，同步考虑党建计划与学校的工作计划，努力做好"七个一",即抓好一条线、上好一门课、分管一个学科、负责一个年级、蹲点一个办公室、研究一个课题、带动一批骨干。

三是夯实青年教师"青蓝工程"。广泛开展师徒结对,形成互帮互学的氛围,重点加强教师教学基本功、教学常规等方面的培训指导,积极开展青年教师"五个一"活动——每天听一节课、每周写一篇教学札记、每月读一本教育专著(记好读书笔记)、每学期上一次公开课、每学年有一篇教育论文,并对"五个一"活动加强考核。2022年秋,学校向全体教师征集教学论文、札记、教育小故事等90多篇,最终通过审核筛选出45篇作品,以党建品牌"心融"命名,编辑制作成新融学校第一本教师文集,学校教师人手一册。学校党支部鼓励教师教学相长,激发教师实现自我发展的动力,将党员发展成骨干,将骨干培养成党员,并以此迎接党的二十大的到来。

(二) 以"三关三帮"助子弟学生成才

外来务工人员子弟具有特殊性,相较中心区内学校而言,其家长受教育程度普遍较低,部分学生的目标仅仅就是"混毕业"。为了不让一个学生掉队,实现教育公平,学校党支部突出"心融"品牌建设,主动谋划"三关三帮"工作方法,不断促进学生成绩进步,坚持不懈做好"爱心帮扶"结对工作,让孩子们感受到党组织的温暖。党员教师根据学生家庭状况、思想动态和学习情况,细心分析,建立贫困生结对帮扶档案,确定结对帮扶对象,积极开展以"关心学生思想、关心学生学习、关心学生生活"为宗旨的爱生助学"三关"活动,通过帮做人、帮学习、帮生活为学生提供具体方向,推动学生学习能力和生活能力双提升。2022年上半年,学校在苏州工业园区数学学科监测中均分较之前提升10个百分点,在苏州大市民办学校英语学科监测中名列第一。在苏州工业园区中小学生"三独"比赛中有20余人次获奖;以党建品牌命名的"心融"管乐团也在2021年登上了苏州工业园区的大舞台。在苏州市中华红色经典美文诵读大赛中,新融学校党员教师指导的作品分别获小高组二等奖和小中组二等奖。

(三) 以"双进融入"履行社会责任

学校党支部在组织教师党员开展自身建设的同时,积极履行党组织职责,积极带动和参与区域党建相关工作。

一是进家入户。学校党支部以"红色管家+教育益家"为工作方向，积极开展家访服务。党员干部带头示范，普通教师争先恐后，通过上门家访，不仅了解了孩子的生活学习情况，也搭建了与新市民父母间的"连心桥"，在子女的教育问题上为其排忧解难，在子女的学习上为其出谋划策。党员干部与年轻的新市民爸爸妈妈通过进家入户的方式形成了零距离的沟通和交流，促进了家校合作。

二是联建联动。学校党支部与苏州联通工业园区营销中心党支部、泾园南社区党委、苏州工业园区海关党组织进行党建结对，以党员活动为载体，精心打造品牌团队、创新活动载体，开展党员学习活动，推动"学习宣传联做、组织生活联过、班子建设联建、主题活动联办"的"四联"模式，不断探索党建共建成功经验。并与娄葑商会、新希望集团开展合作，不断擦亮关爱品牌，以联建的形式助燃青春的圆梦之路，构筑基层党建好风景。

三、典型案例

在"爱心帮扶"活动中，党员赵老师班上的小吴同学在党员教师的耐心帮助下逐渐融入班级，找回了自信。这个孩子是从安徽转来的插班生，因疫情原因，赵老师在收取师生的行程轨迹和苏康码的时候发现小吴同学是个家境贫困的留守孩子，他很懂事，经常帮助爷爷奶奶干活，但在学习上有点吃力。赵老师主动和小吴同学的家长联系，了解到其家长学历低、工作忙，对孩子的教育也是有心无力。赵老师首先从培养孩子的自信心着手，在课堂上对小吴同学多提问、多鼓励，并给小吴同学配了一个"小老师"。小吴同学的进步很快，在班上也爱说话了，家长看到孩子的变化感到很欣慰。

这个案例虽小，却是新融学校党员教师工作的真实缩影，也展现了苏州工业园区对新苏州人的关爱。苏州工业园区是苏州教育的沃土，不乏苏州工业园区海归人才子女学校、苏州工业园区外国语学校这样"高大上"的学校。但苏州工业园区也有最底层的民众，他们占园区总就业人口的80%以上，需要扎根"泥土"的服务型外来务工人员子弟学校为他们的子女改变命运提供向上的通道和途径。新苏州人的教育是我们教育人的使命和担当，全体新融人将为他们撑起一片蓝天，尽可能为他们的子女提供优质均衡的教育。学校党支部也进一步发挥党员作用，建强组织堡垒，不让一个学生掉队，为园区教育发展贡献不竭动力。

学校党支部将进一步擦亮"心融"党建品牌，丰富"融"字的内涵，拓展"心融"的外延，让党员教师融入学校的办学文化、学校管理、教育教学、师生发展，充分发挥党建引领作用，真正让党建品牌凝心聚力，让每个孩子都沐浴在党的阳光下。

（苏州工业园区新融学校党支部）

党员教师进社区　公益课堂亮初心

为充分发挥幼儿园党员教师参与社区建设、服务社区居民的先锋模范作用，丰富社区孩子的暑假生活，2022年暑假，苏州国裕外语学校党总支幼儿园党支部（以下简作"苏国外幼儿园党支部"）积极行动，组织党员及青年教师走进社区，开展"暑期公益课堂"志愿服务活动。

一、少年心向党，共筑强国梦

2022年7月初，苏国外幼儿园党支部党员教师在漕湖花园二社区开展了"少年心向党，共筑强国梦"青少年教育实践活动。

活动中，党员志愿者手把手教授孩子绘画技巧，孩子们学得格外认真，画得也格外细致用心，现场洋溢着欢乐和谐的气氛。孩子们有的用水彩画笔涂鸦，有的用油画棒创意添画，他们时而泼墨涂色，时而挥笔勾线，用自己灵巧的双手、奇妙的想象力，将丰富的情感融入自己的绘画作品。经过一个多小时的作画，孩子们完成了一幅幅色彩丰富、有趣可爱的作品。

二、早教进社区，陪伴共成长

为了更好地发挥幼儿园在社区早期教育中的辐射作用，提升家长科学育儿理念，给2~3岁幼儿的家庭带去更全面、更科学的早教指导与服务，苏国外幼儿园党支部走进姑苏区清塘社区，开展"早教进社区，陪伴共成长"社区送教活动。

活动现场迎来了宝贝和社区居民，老师向家长们介绍了幼儿园的课程架构和不同年龄段幼儿学习习惯的培养方法，并分别对不同年龄段幼儿的家长进行了指导，家长们都感到受益匪浅。另外，苏国外幼儿园党支部的党员志愿者也在现场进行咨询服务，主要涉及幼儿入园衔接及适应问题、早期阅读指导、心理发展及个性培养、家庭养育方法指导、常见疾病预防、营养保健等。

三、运动健康，活力一夏

丰富多彩的户外活动不仅可以锻炼幼儿的身体、增强幼儿的体质，还可以培养幼儿不怕困难的勇气和团结合作的品质。苏国外幼儿园党支部携手香缇澜湾社区举办"运动健康，活力一夏"公益活动。

在活动中党员教师志愿者不仅带领孩子和家长们跳律动操，还开展了缤纷彩虹伞、双腿夹球、穿越桥洞、跳绳等有趣的亲子游戏。党支部还在活动现场设立育儿咨询台，家长们积极地向老师咨询育儿、培养兴趣爱好等方面的一些问题，老师们一一耐心地予以解答。

一系列活动的开展，实现了党员工作与家园共育工作的同频共振，不仅丰富了孩子们的暑期生活，激发了孩子们的艺术创想，培养了孩子们的手眼协调能力，还凝聚了党组织的智慧和力量。活动中党员充分发挥先锋模范作用，用实际行动践行承诺，受到社区居民的一致好评。

今后，苏国外幼儿园党支部还将持续深入地开展早教进社区宣传活动，以社区为基地，以社区家庭为核心，真正地让亲子早期教育走进千家万户，切实提高社区居民的科学育儿水平。

暑期社区行，共育润成长，期待我们下一次的见面。

（苏州国裕外语学校党总支幼儿园党支部）

打造"康佳幼教先锋"党建品牌 办老百姓满意的教育

苏州高新区康佳幼教集团民办学前教育管理中心党支部（以下简作"康佳幼教集团党支部"）成立于 2010 年 3 月 18 日，是苏州高新区民办公助幼教行业首个党支部，现有党员 20 名。近年来，康佳幼教集团党支部以党建工作为龙头，创新打造"康佳幼教先锋"党建品牌，紧扣集团发展要求，积极培育师德先锋、教学先锋和爱心先锋，切实以人才队伍建设促进幼教质量提升，形成了党建工作、幼教事业齐头并进的良好局面。

一、实施背景

民办教育是社会主义教育事业的重要组成部分，承担着教书育人的社会责任。民办教育机构党建工作是新形势下党的建设的一个新领域、新课题，关乎民办教育事业的方向、目标、路径。必须充分发挥民办教育机构党组织在凝聚人心和思想政治工作等方面的优势，不断强化政治核心和政治引领作用，推动党建工作和教育教学同心、同向、同步发展。康佳幼教集团党支部紧紧围绕"办老百姓满意的教育、办优质普惠型幼儿园"的办学目标，不断丰富"康佳幼教先锋"党建品牌的内涵，逐渐成为苏州高新区社会组织党建工作的一面旗帜。

二、主要做法及成效

（一）强化教育培训，培育师德先锋

康佳幼教集团党支部把提高党员教师的党性修养与加强师德建设并举，切实强化党员教师的思想理论武装。结合习近平新时代中国特色社会主义思想和党的二十大精神的学习，全面推行学习日、学习周、学习月制度，组织党员开展专题党课、学习讨论、演讲比赛、参观实践等活动,切实加强党员教师理想信念教育和师德师风教育。组织开展"不忘初心、牢记使命"主题教育,同时依托"学习强国"平台等资源,加强党员教师的自主学习,着力提高党员教师的政治能力,切实增强"四个意识"。加大正面宣传力度,积极传播集团好故事、好声音,开展"先进事迹巡回报告会""一面锦旗一个故事""朗读者"及"最美康佳人"评选等活动,树立爱岗敬业、无私奉献的高尚师德,大力凝聚集团发展的正能量。

(二)立足争先创优,培育教学先锋

以"康佳文化创建者,依法办园监督者,教育发展推动者,教职员工知心者"为目标定位,把党建工作与教育工作相融合,积极落实党管人才原则,通过提升每一个教师的教学水平,不断提高集团幼儿园办学质量、办学声誉,促进集团幼教事业健康发展。以集团片区管理模式,组织党员教师进行业务培训和技能竞赛,不断更新教师教育理念,提高党员教师的业务能力;组织开展"三高四先五带头"活动(三高:思想觉悟党员要高于普通群众,业务技能党员要高于普通群众,工作业绩党员要高于普通群众;四先:先进教育理念党员要先树立,科学教育方法党员要先掌握,岗位工作规范党员要先做到,急、难、险、重任务党员要先行动;五带头:带头学习提高,带头争创佳绩,带头服务群众,带头遵纪守法,带头弘扬正气),全面打造高素质的幼教队伍,提升幼儿园发展内涵。在此过程中,集团也以更高的站位、更宽的视野发现人才、使用人才、配置人才,近三年从集团人才库中提拔任用了10多名教师,形成了支持优秀人才成长及长期从教的良好局面,营造了党员示范引领、人人争先创优的良好氛围。

(三)致力服务社会,培育爱心先锋

结合"康佳文化"建设,教育引导广大党员教师在立足本职岗位、做好本职工作的基础上,积极走出校园、走进社区、服务社会、奉献爱心,展现党支部和集团的良好社会形象。组织开展"关爱儿童、阳光育儿"活动,定期组织党员教师志愿者为幼儿家长提供育儿知识咨询,帮助家长掌握科学合理的育儿方法;组织党员教师积极参加"党员关爱帮扶行动",定期举办爱心活动,营造"相亲相爱一家人"互助共进的氛围。

三、思考与启示

康佳幼教集团党支部打造"康佳幼教先锋"党建品牌、办老百姓满意的教育的经验做法,紧紧抓住了社会组织党建工作的关键点,做到了"三个结合",取得了良好成效。这"三个结合"就是:一是党建工作要与事业发展相结合,要着力找准党建工作与社会组织中心工作的结合点,围绕发展抓党建,抓好党建促发展;二是党建工作要与人才队伍建设相结合,通过搭建各类载体平台,千方百计提升党员素质、发挥党员作用,着力锻造观念新、思想正、人心齐的党员人才队伍;三是党建工作要与品牌建设相结合,党建工作要结合社会组织实际,创新打造类似"康佳幼教先锋"这样叫得响、过得硬的党建品牌,并持续不断地丰富品牌内涵,切实提升党建工作的实效性和影响力。

(苏州高新区康佳幼教集团民办学前教育管理中心党支部)

学党史庆华诞　砥砺奋进有我

昆山市东方幼儿园党支部在上级党委的领导和关怀下积极开展工作,以习近平新时代中国特色社会主义思想为指导,切实加强思想政治工作,团结、动员、带领全园教职工努力拼搏,近期开展了以下工作。

一、主要工作

(一) 落实工作责任,书记项目有效开展

党支部书记带头参加政治学习和业务培训,带领党员、入党积极分子参加镇"两小时课堂"活动,积极投入东方幼儿园加固改造项目、东方泗桥幼儿园苏优创建工作、泗桥园承办市级名师送教活动,坚持深入一线,听取党员、教职工和家长意见,调研存在问题并及时整改。开展"党工团联建促发展"项目,创新了联建工作方式。组织全体教职工开展"大爱东方 奋斗有我"师德演讲比赛、双操比赛,"大爱东方'疫'起运动"全员健身活动,"享趣味运动 做阳光教师"趣味运动会,弘扬教师爱岗敬业、无私奉献的精神,抒发教书育人的情怀,展示为人师表的风采,进一步增强了团队凝聚力。同时还开展师生共同参加的"垃圾分类'疫'刻不停"绿色环保活动、"'疫'样端午粽飘香 万水千山粽是情"传统节日活动,培养孩子的环保意识并增进其对中华传统文化的了解。

本学期紧紧围绕"学史明理、学史增信、学史崇德、学史力行"的目标,开展了"四史"教育系列活动,如党支部书记领学、优秀党员微党课、党员讲红色故事,开展党史知识竞赛、打卡红色云博展厅、实景云课学习、党史"移动课堂"学习、基层党员冬训知识竞赛,等等。另外,还在幼教集

团内开展"夸夸我的好同事"师德故事分享系列活动：各园有两位教师在集团内进行巡回演讲，将自己或身边教师的师德故事分享给集团的老师们；各园选择一个师德故事制作成微视频，在教师节当天向全园播放，并在集团微信公众号平台展播。参加教育系统"红歌唱响校园"建党100周年合唱大赛、民办教育协会与教育工会联合举办的建党100周年红歌比赛、"开启新征程，扬帆再出发"书法展示赛，引导教职工听党话、感党恩、跟党走，激发教师的爱党爱国情怀。

康佳幼教集团党支部进一步落实"一岗双责"责任制，支部成员团结协作、发扬民主、凝心聚力，坚持党务公开制度，接受群众监督。

(二) 加强制度建设，党建工作高效运转

严格园内议事规则，及时修订完善各类管理制度，园务工作、园内重大决策、党员发展、评先树优等活动公开透明。严格落实组织生活、党员大会、主题党日等制度，坚持每月召开一次主题党日活动，每季度研究一次党建工作，与园长、总务、年级组长等谈心谈话。持续推进"四知四守"促勤廉专题教育活动。2020年7月1日，康佳幼教集团党支部组织了"纪念建党99周年，向党说句心里话"活动，党员重温入党誓词，争创党团示范岗。为增强教师的职业担当和服务意识，努力塑造新时代幼教人新形象，提升幼儿园社会影响力，党支部书记带领各园园长与社区联建，开展党员进社区活动，组织骨干教师、志愿者进行送教服务。邀请入党积极分子参加主题党日活动，加强党的思想路线、方针政策的学习。利用教职工大会，学"四史"、教育政策法规、规章制度，强化师德师风建设。网上自学和师德集中学习相结合，每月摘抄，期末形成一篇师德学习心得。与党员教师签订《爱的承诺》师德承诺书、"青蓝工程"师徒结对协议。

二、特色亮点

提升联建水平，校园文化显特色。通过深化党工团联建促发展项目，充分发挥党支部的战斗堡垒、先锋模范作用，工会的桥梁纽带作用，团支部的引领青年作用。集团4所园有教职工250人，党员6人，其中4人为行政岗位、2人为一线教师。

党支部书记积极发挥幼儿园教育资源优势，多次带队进社区，组织志愿者送服务。东方园志愿者进社区植树环保、在启发广场画《我心中的党那里》。合丰园开展"沿河拾趣"美化环境、社区图书漂流研讨活动。泗桥园开展"乐趣学堂"送教送服务活动、"井盖涂鸦，美化社区"师生社区活动，并参与"垃圾分类，你我参与"联合行动方案的制订。巴城园与信宜小学结对，邀请小学老师走进幼儿园，共同为孩子顺利进入小学做好充分准备。

接下来，幼儿园党支部还将开展"寻访红色足迹"教育实践活动，邀请工、团、幼儿代表，利用社区党建资源，回顾党的发展历程、讲好红色故事，让党员重温入党初心，让红色种子在幼儿心灵发芽生长。

幼儿园党支部开展社区党建联盟活动，惠及社区居民和儿童，受到了社区领导的称赞和社区居民的欢迎。幼儿园党支部深化"爱"文化教育，实行一日活动中的"爱心倾听""爱心交流""爱心拥抱""爱心关注""爱心电话"，进一步彰显了办园特色，提升了办园水平。

（昆山市东方幼儿园党支部）

守初心　强党建　担使命　优质量

张家港市德美幼儿园党支部以习近平新时代中国特色社会主义思想为指导，认真学习贯彻党的二十大精神，以学习教育制度化、常态化，抓班子带队伍，抓学习强思想，抓制度重落实，抓作风促养成。现结合苏州市教育局民办学校党建工作调研要求，就幼儿园党建工作作如下汇报。

一、基本情况

张家港市德美幼儿园于2013年2月正式开园，是一所江苏省优质幼儿园，2020年9月转为普惠幼儿园。现有班级41个，在园幼儿1750人；教职工146名，其中公办教师16名。幼儿园于2014年6月成立党支部，2018年幼儿园党支部成为锦丰镇常家村党总支的支部，现有正式党员3名，提交入党申请书的入党积极分子有2名。幼儿园支部书记带头，党员示范，全园教职工奋力拼搏，紧紧围绕"传承中华优秀传统文化，以国际化视野培养完整儿童"这一宗旨，以"以德为美，以美塑德"为办园理念，遵循幼儿身心发展规律，坚持科学保教方法，以教科研促发展，抓管理、抓队伍、抓特色、抓质量，践行社会主义核心价值观。根据工作要求，支部认真开展丰富多样的学习和主题活动，建立健全党内制度，落实"三会一课"、狠抓"两学一做"，做好党费收缴、党员学习等日常党建工作，以提升党员素养、构建和谐校园、优化保教质量，为幼儿的一生幸福奠基。

二、主要工作

（一）规范制度，学习用心

幼儿园支部按照党总支要求，严格执行"三会一课"、民主生活会、组织生活会、民主评议党员、主题党日等规章制度，党支部书记履行党建工作第一责任人职责，确保党内政治生活有典型、有实效、有台账。党员每月参加党总支的宣讲、党课等学习活动；党支部每月召开会议，通过学党章、学"四史"、重温入党誓词等活动增强党员的党性。

（二）提供阵地，活动常新

2020年9月，幼儿园党支部按照"六有"标准建设党员活动室，将党旗、入党誓词、党员权利和义务等内容布置上墙，活动室配备多媒体设备和党报党刊、"四史"等图书资料。在党员活动室，幼儿园党支部组织党员和教师代表学习，使党员活动室成为教师课余学习的阵地。在幼儿园的大厅，幼儿园党支部不仅让党员亮身份，还通过宣传展板让所有老师学习"心中的好老师"标准，在学习环境中不断更新思想、树立党员形象。

（三）党风廉政，重在走心

幼儿园党支部根据上级廉政建设标准和要求，制订党风廉政计划，召开专题讨论会议，签订党风廉政承诺书，年终开展批评与自我批评活动，在工作中找不足，在作风中找问题，做到人人发言，指出不足，在工作中互相督促，党员教师率先垂范、严以律己、做好表率，不断优化教师服务，构建涵盖幼儿园、教师、家长、幼儿的师德师风建设体系，争做"廉洁教师"。党支部坚持作风建设与师德师风建设相结合，开展师德师风专题活动，学习并签订师德承诺书，解读、落实"十项准则"，组织师德师风知识测试，并在幼儿园组织青年教师开展师德宣讲活动，让每个党员、每个教师廉洁从教、师德为先，争做优秀的"四有"好教师。在2020年纪检网格考核中，德美幼儿园考核为"优秀"。

（四）践行党建，需用初心

1. 扩充新人

幼儿园党支部认真组织专题组织生活会，开展经常性的党员谈心谈话和互动交流，营造个人心情舒畅、生动活泼的党内生活氛围。近两年来，预备党员转正1名，2人递交入党申请书。支部党员心往一处想、劲往一处使，互帮互学、锐意进取,推动了幼儿园教育教学等各项工作的顺利开展。

2. 多元学习

主题实践——发挥红色阵地作用,接受革命洗礼。幼儿园党支部以党建凝聚力量,开拓党建工作新思路,让党员先锋模范作用得以充分发挥。开展主题实践活动是新形势下加强党员理想信念教育、强化党性修养的有效途径,近两年幼儿园党支部精心设计了主题实践活动。2018 年 4 月,幼儿园党支部组织观看电影《厉害了,我的国》,党员们深刻感受到祖国的日益强大。2019 年 11 月,幼儿园党支部组织观看电影《特别追踪》并组织讨论,教师党员纷纷表示必须廉洁自律,诠释党员精神。2020 年 9 月,幼儿园党支部在常家村党总支的带领下,度过了一个丰富而有意义的"庆中秋 迎国庆"主题党日活动,党员们一起打卡港城新地标,感受张家港的巨大变化,通过边走边看边学,牢记初心使命。2021 年 4 月,幼儿园党支部开展了"建党 100 周年,看春天里的红色南通"红色文化教育活动。在这次重温革命前辈奋斗历程的过程中,党员教师感受到了建党 100 年以来国家发生的深刻变化及人民生活的日新月异。通过参观学习活动,党员同志对党的历史有了更为深入的认识,大家纷纷表示:我们要继承弘扬革命前辈的优良传统,努力做好本职工作,献身教育事业,为构建和谐社会贡献力量,把我们的国家建设得更加美好。

空中学习——发挥网络优势,拓展学习方式。为拓宽学习阵地,幼儿园党支部一方面新建幼儿园党支部 QQ 群、幼儿园党支部微信群等沟通交流平台,另一方面则组织全体保教人员订阅关注"学习强国"App、"共产党员"公众号等,在微信上组织学习讨论党中央和习近平总书记的最新讲话精神及最新理论动态,帮助支部党员及时了解国家大事和大政方针,让学习教育无处不在、随时可学。

3. 示范引领

幼儿园党支部注重把党支部活动同教育教学等实际工作相结合,开展多种形式的党员示范引领活动,发挥党员先锋模范作用。具体措施有:书记、党员蹲点各年段,协调各项教育教学工作,参与示范课活动;给新教师的家长工作支招;指导新入职教师半日活动;等等。一系列活动焕发了党员投身教育事业的热情,并取得了一定的成绩。近两年来,幼儿园党员教师 3 人均获评为锦丰镇"十佳教师",辅导青年教师参加总部技能赛获得一等奖,参加白鹿幼儿园联盟组织的集体游戏活动获得领导一致好评。党员教师在做好本职工作的同时,热心公益事业,参与志愿服务。在疫情最严重的时候,幼儿园党支部战斗在一线,如书记参与卡口的执勤,3名党员参与口罩加工等等。党员教师还积极参加"为爱行走""美湖使者"等志愿者服务团队活动,并获得了团队负责人的认可。

4. 党建联盟

幼儿园党支部由于党员人数少,于是和合兴片区小学、南港村结对联盟并开展了一系列活动。如2021年参加南港村共享菜园活动,党员教师带领孩子认领一块地,组织他们播种、收割,体验劳动的乐趣;参与村里的志愿服务项目,指导幼儿阅读;积极参加垃圾分类宣传活动;等等。一系列活动使党员教师拓宽了视野,切实起到了示范引领作用,同时还做好了宣传服务工作。2022年母亲节,幼儿园党员志愿者参与手语教学短片的拍摄,在"学习强国"平台进行宣传报道。与其他学校或社区党组织的联盟,让幼儿园党支部的党员教师们走得更实、学得更多……

(五)党团工行,守正创新

针对幼儿园青年教师在员工人数上占绝大多数,而且在思想和业务上具有强烈的自我发展需求这一实际,幼儿园党支部强力开展党团工会联动,丰富党建活动内容。通过党团工会联动,把幼儿园分散的青年教师集中起来,再通过党员的先锋模范作用,以党员先进带动群众先进,从而推动整个幼儿园教师队伍的稳健进步。同时,幼儿园党支部还了解青年教师的思想动态,及时有效地为组织培养后备人才。

幼儿园党支部全力支持和参与团支部换届选举、"六一亲子运动会""教师节——国旗下的朗诵"、参观"抗日战争纪念馆"、"与祖国共奋进 用青春谱华章"建党100周年主题教育等多种活动,激励教师追求上进、同谋发展。

(张家港市德美幼儿园党支部)

守正创新　爱生乐教

苏州工业园区祺嘉澜溪苑幼儿园党支部坚持以习近平新时代中国特色社会主义思想为指导，深入贯彻党的教育方针，以"推动学校科学发展、办人民满意的幼儿园"为总要求，开拓创新，求真务实，积极推进基层党建工作。

一、党支部基本情况

幼儿园党支部机构健全，有书记1人、委员3人，共有9名党员教师。党员学历层次较高，全体在职党员均具有大专及以上学历，其中5人具有本科学历。党支部在上级党组织的领导下，从严要求，从实际出发，认真履行党章规定的职责，形成了健康、有序、规范的支部发展状态。

二、加强组织建设，为幼儿园教育教学工作提供有力保障

全面推行党员"亮岗履职"。按照"一岗双责、责任到人"的要求，以优秀共产党员"五带头"为标准，结合本单位党组织对该岗位的具体要求，通过设岗定责、公示明责、承诺履责，进一步明确每个在职党员在一定时期应完成的具体目标，增强党员的荣誉感和责任感。党支部积极组织两会精神学习报告会，促进支部党员对党的基本理论和党的路线方针政策的深入学习，并力求将政治理论和实践紧密联系在一起，做到理论联系实际。通过各项学习活动，激发党员争先创优的热情，推动"亮岗履职"工作深入开展。

三、强化师德师风建设，充分发挥党支部的战斗堡垒作用

开展"忠诚履责，爱生乐教"主题实践活动。围绕"爱与责任"这一师德核心内涵，通过师德演讲比赛、座谈会、撰写心得等活动强化了教职工"育人为本、德育为先""以德立教、德识相长"的教育理念，培养了不计得失的奉献精神、不甘落后的拼搏精神、爱生如子的园丁精神。疫情防控期间，全体党员参与志愿活动表现突出，充分发挥了先锋模范作用。

四、加强对群团工作的领导，共谋幼儿园的发展

幼儿园党支部积极支持工会按照《中华人民共和国工会法》的规定履行工作职责，使工会真正成为党联系群众的桥梁和纽带。加强对团支部工作的领导，切实指导团支部加强思想和组织建设，坚持做好"党建带团建"工作。发动教职员工为幼儿园建言献策，巩固和发展和谐稳定的良好局面，营造健康文明的氛围。

五、党建工作和实践活动相结合

幼儿园党支部按质按时开展主题党日活动，带领党员学习先进人物事迹，筑牢为人民服务的思想根基，深入开展精神文明创建活动，强化组织活动。这些活动增强了党组织的号召力、凝聚力和战斗力，也扩大了支部的影响力。同时，幼儿园党支部还定期组织党员进行自我反省、批评与自我批评，通过带动每位党员进行深刻的自我剖析和互评，自我反省、自我批评和相互监督，总结学习工作中的不足，使每个党员在思想上都得到一次洗礼，从而增强自身的责任感和紧迫感，增强党支部凝聚力。

六、与社区共建，党建方法融入家校共育

幼儿园党支部积极与社区联建共建，结合传统节日组织共建相关活动，党员教师带头为社区尽一份责任，为社区居民解决一个困难，为社区奉献一份力量、奉献一份爱心。

幼儿园党支部将以服务聚民心、以和谐为中心、以稳定安民心、以文化乐民心的社区工作方法融入幼儿园家校共育体系，进一步推动支部充分发挥战斗堡垒作用，干部充分发挥骨干带头作用，党员充分发挥先锋模范作用，为建设文明和谐社区贡献力量。

七、强化学习，充分发挥先锋模范作用

加强学习，是不断加强党性锻炼和党性修养的现实需要，是树立正确的

世界观、人生观和价值观的需要，是不断提高业务素质的需要。幼儿园党支部始终把学习放在首位，做到学习制度化、经常化、规范化。通过学习使支部每个党员都更新观念、坚定信念，不断地完善自我、发展自我、超越自我，从而全面提高支部党员的理念素质、思想素质、文化素质及各种能力素质，使全体党员始终展现时代性，始终维护纯洁性，始终保持先进性，使党支部始终充满生机和活力。

今后，幼儿园党支部将继续坚持务本求实、开拓创新的作风，加强管理、提升质量，服务社会，办高质量、人民满意的幼儿园，为开创苏州工业园区学前教育新局面做出更大的贡献。

（苏州工业园区祺嘉澜溪苑幼儿园党支部）

二、抓好思想政治教育和德育工作

做好思想政治教育和德育工作，是民办学校党组织的首要政治责任。近年来民办学校党组织深化思政课程改革，通过思政课程与课程思政，大学、中学、小学思政课一体化，"大思政课"建设，推动习近平新时代中国特色社会主义思想进课堂、进头脑。

弘扬伟大建党精神　培根铸魂育时代新人

习近平总书记在庆祝中国共产党成立100周年大会上指出："一百年前，中国共产党的先驱们创建了中国共产党，形成了坚持真理、坚守理想，践行初心、担当使命，不怕牺牲、英勇斗争，对党忠诚、不负人民的伟大建党精神，这是中国共产党的精神之源。"伟大建党精神使中国共产党人的精神谱系得到升华，同时也为办好民办教育、推进民办高校高质量发展提供了根本遵循。

弘扬伟大建党精神，激发"为党育人、为国育才"的不竭动力，心中有信仰，脚下有力量。实践证明，党的领导是办好教育的最大政治优势，也是民办高校健康发展的根本保证。中国共产党成立百年的历史，就是一部为追求和实现中国人民的根本利益而不懈奋斗的历史。习近平总书记明确指出高等教育"四个服务"的发展方向，即"为人民服务，为中国共产党治国理政服务，为巩固和发展中国特色社会主义制度服务，为改革开放和社会主义现代化建设服务"。国家要发展，离不开人才的支撑，高校是国家培养人才的主阵地和孵化器。民办学校作为社会主义教育事业的重要组成部分，同样承担着重要的立德树人任务。民办高校坚持党对教育事业的全面领导，坚持社会主义办学方向，坚持把立德树人作为根本任务，坚持扎根中国大地办教育，不断使教育同党和国家事业发展要求相适应、同人民群众期待相契合，在人才培养、科学研究、服务社会等方面主动对接经济社会发展的需要。西交利物浦大学积极探索未来大学建设，秉持融合式教育办学理念，整合高校学、研、训、创、产、居、商等要素，推进教育教学改革，高质量高标准建设太仓校区。硅湖职业技术学院以"苏锡常都市圈职业教育改革创新试验区"和"沪苏教育融合发展"为契机，调整人才培养方案，改革教育教学方法，努力培养"责任、荣誉"的应用型人才，助力长三角一体化高质量发展。苏州工业园区职业技术学院与湖北荆门职业学院架起"红色心桥"，共同加强就业指导、共用优质教育资源、共同开展创业实践活动、共同提高就业管理水平。民办高校基层党组织围绕高质量党建时代要求，对照《苏州市民办学校党建工作重点任务》，巩固深化党建示范校和党支部标准化建设成果，建设"园丁行动支部"，共建共享"红色学堂"党建品牌，推进党务工作者专业化认证，激发广大党员干部同师生想在一起、干在一起，风雨同舟、同甘共苦，在现代化国家新征程上建新功。

弘扬伟大建党精神，筑牢"听党话、跟党走"的思想根基。习近平总书记在致全国广大教师的慰问信中写道："百年大计，教育为本。教师是立教之本、兴教之源，承担着让每个孩子健康成长、办好人民满意教育的重任。希望全国广大教师牢固树立中国特色社会主义理想信念"，"牢固树立终身学习理念"，"牢固树立改革创新意识"。深入学习习近平总书记庆祝中国共产党成立100周年重要讲话精神，就是要更好地弘扬光荣传统、赓续红色血脉，永远把伟大建党精神继承下去、发扬光大。民办高校就是要围绕立德树人的根本任务，着力在坚定理想信念上下功夫，在厚植爱国主义情怀上下功夫，在加强品德修养上下功夫，在增长知识见识上下功夫，在培养奋斗精神上下功夫，在增强综合素质上下功夫。党员教师要不忘立德树人初心，牢记为党育人、为国育才使命，坚持"四为服务"的价值取向，主动亮身份、践承诺，跟党一起创业、跟党一起奋斗、跟党一起圆梦，发扬大爱无疆的奉献精神、坚守底线的人格魅力，弘扬社会主旋律、传播正能量，在思想政治工作、职业道德、职业素养、工作业绩、团结合作、遵纪守法等方面充分发挥党建先锋模范作用。昆山杜克大学教师党支部及时召开会议，学习习近平总书记给全国高校黄大年式教师团队代表重要回信精神，赓续百年初心，担当育人使命。苏州托普信息职业技术学院研究制订《新进青年教师导师培养制实施办法》，充分发挥老教师在教学科研工作中的示范和传帮带作用，促使新进教师快速熟悉教学和科研规律，掌握教学和科研的方法与技巧，提升青年教师思想素质和教学科研能力。苏州百年职业学院教育与服务学院党支部聚焦立德树人，助力师生成长，改革思想政治课与教育教学同心同行，赓续红色精神血脉，扎实推进伟大建党精神入脑入心。

弘扬伟大建党精神，许下"请党放心、强国有我"的青春誓言。习近平总书记在同各界优秀青年代表座谈时指出："广大青年要勇敢肩负起时代赋予的重任，志存高远，脚踏实地，努力在实现中华民族伟大复兴的中国梦的生动实践中放飞青春梦想。"一代青年有一代青年的历史际遇，我们的国家正在走向繁荣富强，我们的民族正在走向伟大复兴，我们的人民正在走向更加幸福美好的生活。当代中国青年要有所作为，就必须投身人民的伟大奋斗。同人民一起奋斗，青春才能亮丽；同人民一起前进，青春才能昂扬；同人民一起梦想，青春才能无悔。世界上最快乐的事情，莫过于为理想而奋斗；世界上最有意义的事情，莫过于将个人奋斗融入国家发展。各民办高校学生积极参与暑期社会实践，广大学子结合各自专业，发挥自身优势，把调研报告写在机关、企业、社区、农村各领域，深入地了解中国，深入地了解中国共产党，增进对中国共产党为什么能、中国特色社会主义为什么好的理解，从历史和实践中深刻理解马克思主义"行"，从而更加坚定马克思主义信仰，坚定中国特色社会主义信念，坚定中华民族伟大复兴信心。西交利物浦大学汇集学校资源，对接地方需求，服务乡村振兴战略，用行动书写青春担当；苏州托普信息职业技术学院把伟大建党精神融入人才培养方案；苏州工业园区职业技术学院在红色精神谱系传承中铸牢理想信念；苏州高博软件技术职业学院开展"行走的课堂"活动，在与历史最近的地方回望历史、读懂历史、思考历史；昆山登云科技职业学院围绕"同心学党史，齐心跟党走"主题开展活动……大学生把青春奋斗融入党和人民的事业，强志气、铸骨气、增底气，在新的历史起点上，向着实现第二个百年奋斗目标奋力前进。

历史川流不息，精神代代相传。民办高校办学的根本目的是努力培养担当民族复兴大任的时代新人，培养德、智、体、美、劳全面发展的社会主义建设者和接班人，培养一代又一代拥护中国共产党领导和社会主义制度、立志为中国特色社会主义事业奋斗终身的有用人才。伟大建党精神是中国共产党的精神之源，培养担当民族复兴大任的时代新人，必须弘扬伟大建党精神，必须传承红色基因，必须赓续精神血脉。

坚持"四个聚焦" 强化课程建设

苏州托普信息职业学院党委围绕立德树人目标,围绕建设具有强大凝聚力和引领力的社会主义意识形态这一战略任务,认真落实党委主体责任,不断强化政治站位,着力抓好"四个聚焦",即聚焦思想引领、聚焦队伍建设、聚焦阵地筑牢、聚焦机制完善,牢牢把握意识形态工作的领导权、主动权、话语权。

一、聚焦思想引领,提高思想认识,抓好意识形态这项铸魂工程,担负起民办高校党委的政治之责

思想引领决定了意识形态工作的能力。近几年,学院党委通过"不忘初心、牢记使命"专题教育,党史学习教育,强化"四个意识"、坚持"四个自信"、践行"两个维护",确保了学院的安全稳定,确保了广大师生在政治上同党中央保持高度一致。

(一)认真组织学习习近平新时代中国特色社会主义思想

学院党委以坚定"四个自信"作为关键,努力做到以学为先、以懂为要、以用为本,分专题、有步骤地结合学习习近平总书记在不同阶段的讲话精神,持续组织党委中心组和党员的学习,深刻领会马克思主义中国化最新成果的思想伟力,不断厚基强能,指导学院的各项工作。例如,结合学习习近平总书记在全国思想政治工作会议的讲话,重点理解宣传思想政治工作新的使命任务;结合学习习近平总书记在全国教育工作会议上的讲话,重点理解如何落实立德树人这一根本任务等问题;等等。

（二）努力建立"两学一做"常态化、制度化机制

建立学习型党组织。学院党委每月进行一次中心组专题学习，并且每月一个主题，教工党员每两周组织一次政治学习，学生处、院团委定期安排学生主题日活动。班子成员分别参加中心组和所在支部的专题研讨。

学院党委以提升组织力为重点，不断加强基层组织生活的规范化、标准化建设，每年对党务工作者进行培训，党的组织生活认真、规范，"三会一课"落实到位，教师党支部书记"双带头人"工程得到落实。以"五大工程"为载体，认真开展基层党组织的创先争优工作。

（三）扎实开展"不忘初心、牢记使命"专题教育

认真进行"学讲话、悟初心"学习体会交流，上好专题党课，积极开展现场交纳党费、重温入党誓词等活动。为把活动引向深入，学院党委组织全体党员赴上海中共一大、二大会址，龙华烈士陵园，开展"不忘初心、牢记使命——寻根铸魂"主题党日活动；组织全体党员和入党积极分子参观"风云激荡200年——纪念马克思诞辰200周年历史文献展"。二级学院结合自身特点，不断加强党员的教育。

（四）"五举措"推进党史学习教育入耳、入脑、入心

一是提前谋划，做好顶层设计，认真制订建党100周年活动方案，计划开展9项活动，现正在逐项落实。

二是高度重视，压紧压实主体责任。在党史学习教育初期，学院迅速制订出台了《党史学习教育实施方案》，成立了领导小组和督察组，方案细化到每个月。召开党史学习教育动员部署大会，全体辅导员普遍对青年学生进行了党史学习的教育动员。学院党委书记和各支部书记认真履行第一责任人职责，二级学院、行政处室负责人切实履行"一岗双责"。

三是丰富载体，推进内容和形式创新。党委中心组已组织三次集中学习，各支部书记普遍上了党课，全院开展了"当时入党为什么、现在为党干什么"网上思想汇报会，组织进行了"追忆红色经典、编织魅力青春"集体舞比赛，积极塑造"西部戍边军人群体"形象，举办"建党百年邦国兴、缤纷手工颂党情"师生手工比赛。各支部普遍开展了主题教育活动。青年学生参加了网上"党史知识竞赛"和网上"四史"思政大课等活动。

四是服务师生，认真开展"我为师生办实事"活动。聚焦教师发展，出

台《新进青年教师导师培养制实施办法》；聚焦学生成长成才，修订人才培养方案，完善学院规章制度，举行职业规划大赛，制订促进学生理想就业的措施；聚焦学院环境优化，拟出21个项目，解决教职工的现实困难。

五是实施"党建文化"引领工程，加强党史文化传播。拟在教学一、四、五号教学楼一层楼道，以"中国共产党精神谱系""江南文化""劳动教育""大国工匠"为主题进行系列主题展，对学生进行文化浸润和熏陶。

二、聚焦队伍建设，不断壮大意识形态工作者队伍，担负起民办高校党委的领导之责

（一）加强师德师风建设

学院始终强调要强化师德教育，不断完善师德建设的长效机制，引导教师做有理想、有道德情操、有扎实知识、有仁爱之心的"四有"教师。学院党委以学习习近平总书记在全国教育工作会议上的讲话为抓手，组织大家学习讨论交流，提高思想认识，增强做好工作的使命感和责任感。

（二）加强学生辅导员队伍建设

创新辅导员工作坊，构建学管干部学习交流平台。学院创新建立了辅导员工作坊，定期组织辅导员学习、交流、研讨。在一年多的时间里，先后组织活动25次，每次一个专题。学院还组织辅导员素质能力大赛，提高辅导员的素质和能力。

（三）加强学生干部队伍建设

对学生干部定期进行培训，每年举办党的基本知识培训和教育。给学生干部压担子、教方法、定任务、促提高，给学生锻炼成长提供平台，使其在实践中锻炼本领、提升素质和能力。

三、聚焦阵地筑牢，肩负起意识形态工作的守土之责

加强和改进思想政治理论课教学。将思政课教学作为学院"一把手工程"来抓，大胆进行思政课教学内容和教学手段的改革。继续开展青春健康教育。2022年，学院被评为江苏省示范基地、苏州市先进单位。

加强宣传阵地的建设，进行党建文化的营造。学院党委按照统一性、主题化、组团式的原则，精心设计了党建营造计划。党建文化营造主题突出，强化了政治建设；党建文化点多面广，做到了厅室全覆盖。学院宣传阵地集党建文化、集团文化、校园文化于一体，营造了良好氛围。

规范学术讲座活动，加强学生社团管理。积极开展感恩教育，厚植爱国主义情怀。连续两年，每年举办各项活动40场左右。

四、聚焦机制完善，确保党委意识形态工作主体责任落到实处

一是学院党委切实承担起意识形态工作的主体责任，主动将意识形态工作列入党委和党支部的重要议事日程。二是建立健全党委统一领导、党政工团齐抓共管、党委办公室牵头协调、有关部门与二级学院共同参与和齐抓共管的意识形态工作新格局，牢牢把握主动权、开创新局面。三是严格落实意识形态工作责任考核追究制度，学院每学期对教职工进行一次考核，学院及二级单位党政领导班子成员每学期进行一次述职，学院将意识形态工作作为述职的重要内容。

（苏州托普信息职业技术学院党委）

深化"技艺结合"　强化思政改革

2020年5月,教育部等八部门在《关于加快构建高校思想政治工作体系的意见》(以下简作"《意见》")中明确指出,在高校教育环节当中,需要以培养优良的校风、教风和学风为目的,充分调动发挥党支部的战斗堡垒作用,发挥党员自身的先锋模范带头作用。高校各党支部作为党的基层组织,在培养优良校风、培育优秀人才方面起着"排头兵"的作用。因此,做好基层组织的党建引领工作是进一步完善其战斗堡垒作用的关键,必须发挥党建本身在教育引领人方面的重要作用。

国无德不兴,人无德不立。党的十八大以来,习近平总书记在不同场合强调,高校立身之本在于立德树人,为党育人,为国育人。如何实现立德树人的根本任务?总书记告诉我们,要用好课堂教学这个主渠道,各类课程都要与思想政治理论课同向同行,形成协同效应。在艺术设计专业课学习过程中融入思政教育,进行全程育人、全方位育人,对于引导和培养当代大学生树立正确的世界观、人生观和价值观非常必要。

一、艺术设计专业课程思政教育的现状分析

艺术设计专业的思政教育是培养社会主义设计人才的有效途径,对于提升艺术设计专业学生的专业技能、思想素养有着积极的作用。其目标是遵循循序渐进、思政无痕的原则,找寻课程中蕴含的独特思政元素和思政资源,培养具有专业素质和较高的政治素养的服务社会主义建设的设计人才。

二、艺术设计专业课程与思政教育融合的必要性

艺术类专业在平时的专业课程教学中,存在着重专业、轻文化的现象,

很多学生对思政课程不感兴趣，这直接导致了学生社会责任感不强、人生观和价值观存在偏离、实习阶段就出现岗位适应能力差等问题。而艺术类学生大多感性认识能力强，对专业课的学习兴趣比较浓厚，因此在专业课教学中穿插思政教育的内容有助于提高学生的思想认识，帮助其树立正确的人生观、价值观，培养学生的核心价值观。就这一点而言，探索设计专业课程与思政教育的融合是有一定的必要性的。

围绕人才培养目标，采用多种艺术形式开展德育教育。一是在思政铸魂和专业教学的融合中弘扬中国精神，将传统文化、爱国主义等通过平面设计、视频等多种艺术形式展现出来，使中国精神进课堂、入教材，反复交融、深度渗透，使青年人真正成为中国精神的忠实传承者和弘扬者。二是把互动式教学、合作式教学、情景式教学和体验式教学融入德育教育，增强专业课程的生动性和趣味性。同时，由艺术而生的心灵震撼，由理论而来的精神洗礼，将使当代艺术的大学生在艺术审美和人生观、价值观交融的育人过程中不断增强"四个自信"。

三、课程思政一体化教学实践的探索与创新

课程思政内容是课程思政建设的核心，在构建课程思政的内容体系方面，课程思政的内容不能生搬硬套，要与专业课程有机结合、紧密融合，让专业课程中的思政元素从本课程中自然长出，与专业知识、专业精神相得益彰、合而为一，彰显课程思政教育教学润物无声的效果。同时，思政教育要与当代青年学生的特点和习惯相融合，坚持显性教育和隐性教育相统一的原则，实现价值塑造与知识传授、能力培养一体化推进，增强学生对党的创新理论的政治认同、思想认同、情感认同，使学生在获取知识的同时不知不觉地将价值观、爱国主义、人文素养等内化于心、外化于行。

四、思政教育主题与专业特色结合

在专业授课中，将热门知识与专业特色结合起来，让思政做到入脑、入心。比如数字媒体艺术专业课程中首先选择"插画技法""数字多媒体制作"等专业课程，从教学内容里提炼出思政教育主题和元素，课程结合红色文化、爱国主题、公益主题、传统文化主题等方向完成系列作品，相关教师在进行课程教学的同时在设计制作的前期、中期与后期分别进行主题升华，通过表现形式植入或反转点题等方式将课程思政的精神与专业内容融会贯

通，在潜移默化中培养学生的爱国情操、社会责任感和文化自信心。同学们也表示，主题教学活动的开展使大家不再完全依赖教材和课堂内容，而更加愿意用积极的心态去关注国家大事和动态，在学习中拥有了独立思考和自主创作的积极性。

五、以赛促教、以赛促学

课程思政建设必须紧紧围绕坚定学生理想信念，以爱党、爱国、爱社会主义、爱人民、爱集体为主线，围绕政治认同、家国情怀、文化素养、劳动教育、道德修养等重点优化课程思政的内容供给，系统进行中国特色社会主义教育和中国梦教育，并将思政教育成果展示出来。为提高学生的实践能力，增进学生的爱国情怀，学院党支部在课程思政教学上打破学科竞赛的专业制约，将红色主题摄影大赛、爱国主义视频制作引入课程教学，鼓励学生积极参加"大广赛""丹青妙笔绘田园"等行业大赛和省技能大赛，争取好的成绩，从而树立青年学子的自信心，培养学生的爱国主义情操。

党建引领下的"技艺结合"教学方法是将思政教育、专业教学、文化传承融为一体的育人方法。其具体内涵是，在教学实践中引入思政教育，在活动设计中体现专业特色，在项目实施中体现学生的主体地位和教师的主导作用，在教育教学中融入审美观和文艺观的教育，在互动中培养学生的人格、心性、品德，积极构建社会主义核心价值观视觉表达和社会实践体系，形成独具特色的"三全"育人。

（苏州百年职业学院艺术设计学院党支部）

党建融入教育教学　探索项目化教学改革

苏州高博软件技术职业学院艺术与建筑学院教工党支部深入学习贯彻习近平总书记关于党的建设的一系列重要论述，围绕立德树人根本任务，坚持党建引领学院事业发展全局，结合艺术与建筑学院专业特点，不断推进党建与教育教学工作同谋划、同部署、同落实，互促进、共发展，通过实施课程项目化教学改革、搭建名师工作室，有力地实现党建与教育教学工作双融互促。

一、项目背景

根据国家对职业教育发展的规划，为进一步拓宽学生的艺术道路，强化课堂教学的实效性，艺术与建筑学院自2018年开始实施跨专业基础平台教学和项目化教学改革。在学院党总支的带领下，党员教师将传统式授课模式变为项目化教学模式，各专业课程教学将项目融入课程，项目贯穿专业人才培养周期，学院搭建"苏园""匠新""博创""新视界""新媒艺"等工作室，由党员教师担任工作室负责人，组建校企团队、导师团队，采用项目成果汇报等考核方式，提高学生的创新精神和实践能力。艺术与建筑学院教工党支部牢固树立党建与教育教学融合发展、党建引领学科双融互促的理念，形成了抓好党建带业务、抓好业务促党建的良好氛围。2022年5月，艺术与建筑学院教工党支部入选首批全省党建工作样板支部培育创建单位。

二、经验做法

（一）准确定位，找准党建与教育教学融合发展切入点

艺术与建筑学院教工党支部明确梳理党建工作主线，同时根据艺术类专

业特点、课程项目化目标等梳理教育教学工作主线，围绕两条主线精准定位党建与教育教学融合发展的切入点，选拔政治意识强、业务素质高的"双带头人"型党员教师为党支部书记。项目化教学改革工作室引导全体党员教师明确改革目的、准确定位课程，重点在于将人才培养方案中原有的课程转换成项目，按照项目规范和流程组建教学团队、分配教学任务、实施项目教学及管理，由党员教师实施骨干式带动管理，在党建与教育教学中发挥好先锋模范作用；持续推进常态化学习活动，坚持将政治理论学习与教研室集体备课相结合，促进理论武装与教育教学深度融合，打造学、研、用一体化模式，提升党员教师的政治素养与专业理论水平，让"围绕发展抓党建，抓好党建促发展"成为全体党员的思想共识和自觉行动。

（二）多方协同，探索党建与教育教学"双融合"的路径

艺术与建筑学院教工党支部研究制订全省党建工作样板支部培育创建实施方案，探索党建与教育教学"双融合"发展的路径，通过共同谋划、顶层设计、融合发展的工作机制，保证党建与教育教学工作同部署、同推进、同落实。党员教师带头组建学生团队，带动课程项目化的有序推进，建立"一对多"帮扶机制，分解任务，聚焦项目共同合作协同。前期党员教师带领学生进行实地考察调研，收集项目化教学相关资料素材；中期党员教师引导学生理解吸收视觉专业知识，自主修改设计成果；后期党员教师根据目标任务验收、检查，形成项目成果报告书。党员教师以项目为抓手，发挥影响和带动非党员教师学好政治理论、搞好教学科研，充分激发学生自主创新自主学习的能动性。

（三）搭建党建工作体系，形成党建与教育教学融合发展的长效机制

搭建党总支、党支部、党员、群众四级架构，构建党总支与教工党支部、教工党支部与学生党支部、教工党支部与教师队伍、党员与群众党建工作体系，形成全方位和多层次的各方联动共建、党建与教育教学深度融合的格局。艺术与建筑学院教工党支部在党总支的带领下，以全省党建工作样板支部培育创建为抓手，推进党员教师专业素质能力、师德师风建设；通过教师与学生组建项目化团队的方式，把教书育人从党支部延伸至课堂，充分发挥党员教师在坚定理想信念、传播专业知识、引导学生成长成才过程中的指导和推动作用；党员教师通过组建项目化工作室团队的方式，与非党员教师

共同研讨教学项目，融入思想政治理论学习和党史学习内容，发挥党员教师的示范引领作用。经过四年的打磨，课程项目化成果颇丰，学院有作品首次荣获全国数字大赛广告摄影类一等奖；《苏州日报》对艺术与建筑学院举办的2022年苏州城市形象"表情包"原创作品征集活动，以及"千面江南苏州表情"项目化教学进行了报道。未来艺术与建筑学院的课程项目化还要与周边地区的特色小镇、社区等进行合作。

三、启示

（一）党建引领课程项目化的实践，强化"立德树人"初心使命

艺术与建筑学院教工党支部党员教师牢记"为党育人，为国育人"的使命，从时代、社会、地域、市场出发，从目前企业最需要的技术、技能入手，尝试项目化教学改革，提供专业技术指导，帮助学生规划未来职场进程。教工党支部实施的一系列举措坚定了党员教师立德树人的信念和教书育人的使命，党员教师知识储备大大增强，育人内功有效提升，极大促进了各专业的内涵建设。

（二）党建引领课程项目化的实践，为园丁支部发展积蓄力量

为进一步推进课程项目化的实施，艺术与建筑学院教工党支部组建了导师团队，使教学从"独角戏"变成了一套完整的"组合拳"。导师团队从多个角度、多个维度对项目进行剖析，研究项目实施的过程，探讨项目最终呈现的效果。党员教师担任相关项目负责人，强化与非党员教师之间的沟通交流、增进与学生的关系，切实把党支部打造成为团结群众的核心，把群众工作优势持续转化为发展优势和创新优势，激发党支部工作活力，汇聚党建与教育教学深度融合的强大力量。

（三）党建引领课程项目化的实践，推动学院事业高质量发展

艺术与建筑学院推行的项目化教学改革，是走在全校学院、其他兄弟院校前列的一项教学改革。艺术与建筑学院教工党支部紧紧围绕国家对职业院校的发展规划目标，紧抓时代脉搏，结合全省党建工作样板支部培育创建，为职业人才的培养提出行之有效的实施方案，使学院真正成为打造学生的"梦工厂"，实现党建与教育教学工作融合发展迈上新台阶。

（苏州高博软件技术职业学院艺术与建筑学院教工党支部）

传递中国声音　厚植家国情怀

苏州北美国际高级中学自成立以来，在意识形态工作、思政教育、德育管理、课程设置、课堂教学、师德师风、校园环境等方面，始终坚持把党建引领和思想政治教育放在首位。作为国际学校，苏州北美国际高级中学担当着为国家培养国际化人才的重任，因此，学校确立的培养目标是把学生培养成为具有家国情怀和国际视野的德、智、体、美、劳全面发展的社会主义建设者和接班人。只有坚守德育阵地，打造党建文化，才能推动中国声音的积极传递；只有积极开展主题党日活动，建好党员队伍，才能推动党建与教育教学工作的有机融合；只有不断加强爱国教育，锻造红色力量，才能推动中华民族文化的持续传承。

一、以坚守德育阵地为引领，推动中国声音的积极传递

为不断提高文化自觉意识，形成积极向上的校园文化，学校建设了党员活动室，精心打造党建文化墙，巩固党建工作阵地，在校园醒目处竖立和张贴宣传社会主义核心价值观等的海报，在潜移默化中对师生的思想起到积极的影响作用。

学校图书馆专门辟出一角陈列红色书籍。学校党支部主动与外籍教师建立联系，关心他们的工作和生活，通过端午节送粽子、中秋节发月饼的方式，让外教感受到中国传统文化的底蕴。学校党支部还组织外籍教师学习《习近平谈治国理政》（英文平装），积极传递中国声音。

为了迎接党的二十大的到来，学校举办了"中共党史 苏州记忆"系列展览，帮助师生更好地了解苏州的革命历程。

二、以北美大讲堂为主线，推动党建与教育教学工作的有机融合

学校党支部坚持按计划开展主题党日活动，引导党员教师加强政治理论学习，增强党性修养。从2020年10月开始，学校开设了苏州北美大讲堂，至今已举办了14期主题讲座：教育名家王开东老师给青年教师分享他的教育智慧和理念；江苏省委宣讲团成员、苏州大学马克思主义学院院长、博士生导师田芝健讲述党的十九届五中全会之后习近平总书记视察江苏的重要指示，提出了学校需要提高思政课教学质量的建议，提出了《大中小学思政教育一体化建设方案》，要求教育工作者必须坚持党的教育方针、坚持立德树人，全校师生深受启发；苏州大学文学院党委书记孙宁华来校做"人民就是江山 江山就是人民"党史讲座；南京大学许伟伟教授及南京林业大学付芳芳教授给学生科普前沿科技；特级教师陆志平分析高中课程改革要求，帮助教师准确把握课程标准和教材，围绕核心素养开展教学与评价；苏州市原副市长、苏州市公安局原局长张跃进给学生讲述如何成为新时代国家、社会和家庭期望的好孩子；等等。

学校党支部开展了"追寻红色足迹，传承革命精神"赴沙家浜祭奠抗日英雄活动，举办了《我为什么入党》征文比赛，举办了"永远跟党走·百年回响红色旋律乐动吴中"民族音乐会，与苏州大学文学院、数学科学学院，以及苏州市书法家协会等单位开展了支部共建主题党日活动。特别是疫情防控期间，优秀党员教师积极主动担当起志愿者工作，把无私的爱献给了需要帮助的人。学校党支部通过系列主题党日活动，让全体党员时刻不忘党员身份、高标准要求自己，在工作中以身作则、率先垂范。

三、以加强爱国主义教育、落实立德树人为根本，推动中华民族文化的持续传承

学校党支部协同教务处、学生处积极探索符合当代教师与学生特点的教育方式和方法，科学有效地把社会主义核心价值体系和爱国主义融入日常教育教学工作。

2022年1月10日，田芝健思政名师工作室揭牌仪式暨大中小学思政课一体化座谈会在苏州北美国际高级中学成功举行，以此为平台，双方共同推进大中小学思政课一体化建设。在田芝健思政名师工作室的示范下，学校在人才培养模式上进行创新，于2022年9月10日举行了"青蓝工程"启动仪式,聘任教师导师和党员导师,通过师徒结对的方式促进教师专业化发展,提升教师教学的技术、技法、艺术,实现名师的团队化和梯队化建设,打造与新时代相适应,政治立场坚定、师德高尚的教师队伍,引导和帮助更多青少年学生扣好人生第一粒扣子,落实立德树人根本任务。

思政课是落实立德树人根本任务的关键课程。为了进一步提升学生自主探究意识,增强其对思政学科的兴趣,党员教师利用思政课堂创编爱国版手势舞,并开展了苏州北美新闻联播"今天我主播"及"一带一路"课题研究等主题活动。

为了迎接党的二十大的到来,学校中文组举办了"筚路蓝缕——中共历届大会手绘海报""红船精神永相存,手工 DIY 活动"等教学主题活动,学生通过画笔再现了中共一大会址、南湖红船等红色经典,在体验船只制作过程的同时重温红船的历史沧桑,以"强国有我,筑梦少年"的青春形象倾诉对党的深爱之情。

除了思政课之外,学校党支部还通过每周一国旗下讲话,结合重大节日对学生进行爱国主义教育;通过给学生讲党史、讲新中国史等让学生了解中国的过去;通过组织沙家浜追寻革命英雄的足迹活动让学生认识到今天的幸福来之不易,从而懂得感恩与珍惜;通过共青团组织学习社会主义核心价值观等活动,提高学生的政治站位和思想道德修养;通过举行"红心永向党"少先队建队退队仪式,培养具有红色力量的合格接班人。

四、成效

学校党支部坚持以习近平新时代中国特色社会主义思想为指导,深入开展"一校一品"党建文化建设,主题突出,内容丰富。经过中共苏州市委教育工作委员会层层遴选、专家评议、征求意见,2021 年 10 月,苏州北美国际高级中学光荣入选第三批苏州市中小学校"一校一品"党建文化品牌特色学校。

学校党建工作促进了教师队伍的发展,提升了学生的综合素质,促进了学校培养目标的实现,学校教育教学质量不断提升。在 2021 年 5 月的 AP 考试中,学校有 16 个班级通过率高于国内平均水平,全校总计有 199 个 AP 满分,同比增长 32%,11 个班级 AP 大满贯。学校有学生参加托福考试取得了 119 分的好成绩,刷新了学校历史最高分纪录。2022 年 6 月,学校获得 IB 官方认证，成为 IB 学校。有 24 项赛事考点花落苏州北美国际高级中学，学校获得了国内外官方机构的认可与支持。两院院士进驻苏州北美国际高级中学，共同打造科创特色学校。学校是吴中区科普教育基地，2022 年 9 月荣获苏州科技创新市长奖。2022 年，学校累计毕业生已经突破 1000 人，有多名学生被美国藤校康奈尔大学，以及英国牛津大学、剑桥大学等名校录取。以上成绩也证明：在国际学校开展党建工作和加强爱国主义教育，有着极其重要的历史意义和现实意义。

（苏州北美国际高级中学党支部）

"三学""三会""三带" 传承红色血脉

多年来,苏州国裕外语学校党总支深入学习习近平新时代中国特色社会主义思想,落实立德树人根本任务,坚持为党育人、为国育才,充分发挥政治核心和战斗堡垒作用,以卓越党建推动卓越学校建设,砥砺奋进、积极有为。

一、扎实开展"三学",将初心使命融入党员教育全过程

向书本学习,夯实理论功底。学校党总支每月召开两次学习会议,严格落实"三会一课"制度,学习《中国共产党简史》、习近平《论中国共产党历史》《习近平新时代中国特色社会主义思想学习问答》等,读原著、悟原理。向先进学习,滋养精神底气。学习王继才孤岛32年坚守,平凡铸就奇迹精神;走进"最美窗口"蒋巷村,感受常德盛"天不能换,地一定要改"的创业精神;评选"感动苏国外年度人物",树典型、扬正气。向专家学习,拓宽教育视野。组织党员观看"学习强国"平台上的专家党课,结合岗位学习习近平总书记关于教育的重要论述。举办"名师引路""专家讲堂"活动,让党员带头学,明方向、激活力。

二、努力践行"三会",将红色基因植入学生成长全过程

呵护心灵会育人。学校党总支成立党员宣讲团,组织"红色经典"进课堂,开展"跟着主播读中国"和"颂建党百年"主题教育活动。成立党员帮困小组,为德困生、学困生、情困生提供帮助,走进学生心灵。善于思考会科研。成立党员课改攻坚组,党员带头主持省级和市级课题研究,80%以上的党员主动担任课改实验工作,有3名党员在省教研室举办的江苏省中小学基于核心素养的课堂教学改革观摩研讨活动中执教公开课并获一致好评，党员引领教改实践蔚然成风。学校多次荣获省级和市级教育教学成果奖。以生为本会教学。学校实行"将党员培养成骨干教师、将骨干培养成优秀党员"的"双培养"计划，近三年有20多名党员被评为校级及以上骨干教师。近两年，有7名骨干教师入党，20多名优秀教职员工成为入党积极分子和发展对象。

三、大力实施"三带"，将党的光辉映入群团建设全过程

以党建带团队建设。学校党总支指导共青团、少先队健全组织架构，联合团支部、少先队开展"八礼四仪""建国70周年——我和祖国共成长"及"建党百年——争做强国一代"征文比赛等系列活动，让爱党爱国情怀根植于青少年的心田。以党建带工会建设。学校党总支组织开展"一名教工一份责任"教育活动，定期召开党政工联席会议、新老教师座谈会，了解教师需求，关心教师成长。校工会荣获"苏州市教工协会建设先进单位""巾帼示范岗""模范小家"等荣誉称号。以党建带群体建设。学校党总支支持和指导学校各个集体开展"青年文明号""优秀教职工群体评先评优"活动，营造"先进我争创、争创我先行"的良好氛围，促进全员共同进步。

党建工作有力地引领并推动了学校的卓越发展。一是党建营造了良好的发展氛围。全校上下风清气正、干部群众凝心聚力，个个争当"四有"好教师，立足岗位比奉献。例如在2021年4月16日由学校承办的江苏省中小学基于核心素养的课堂教学改革观摩研讨活动中，苏州国裕外语学校有11名教师执教公开课，其中党员教师有3名，人均试教达8遍之多。学校有74名教师主动报名参加会务接待工作，多名教师在宾馆服务至凌晨也毫无怨言。此外，还有1名老师在南京至善学院线上平台开设公益直播讲座。二是党建助推了教师专业成长。2020年，学校教师有10篇论文在国家级论文评比中获一等奖；在第六届江苏省中小学优秀教研成果评比中，学校有教师获省一等奖；在苏州大市中小学优质课评比中，苏州国裕外语学校的英语、数学两门课程均获一等奖，音乐课获二等奖；学校教师在江苏省中小学优秀教研成果录像课、课件、微课评比和苏州市"一师一优课，一课一名师"活动中屡获佳绩，1名教师获江苏省中小学生金钥匙科技竞赛"优秀青少年科技辅导员"称号。此外，学校教师还在"学习强国"平台开设英语绘本课。苏州国

裕外语学校已形成了一支学术专业精、教学能力强、师德师风优的党员教师队伍，目前拥有特级教师 4 名、市区级学科带头人 6 名、市区级优秀教育工作者 8 名、苏州市德育标兵 1 名、苏州市优秀德育工作者 7 名、周氏德育奖励金获得者 12 名。三是党建发展了学生核心素养。近年来，苏州国裕外语学校有一大批学生在各级各类比赛中屡获佳绩。仅 2020 年，就有 7 名学生获得国家发明专利，3 名学生获第三十二届江苏省中小学生金钥匙科技竞赛一等奖，31 名学生获得国家级机器人等级考试三级和四级资格，1 名学生获第二十一届"希望之星"英语风采大赛一等奖、7 名学生获省一等奖，1 名学生参加全国中学生数学奥林匹克竞赛（江苏赛区）获三等奖，11 名小学生在《苏州日报》发表英文习作。学校有 50 多名学生获得"江苏省三好学生""苏州市优秀学生干部""苏州市三好学生""苏州市阳光少年"等荣誉。四是党建促进了学校办学质量的提升。近年来，学校中高考成绩连年攀新高，2020 年高考本科达线率为 95.2%，中考语、数、英三科均分持续攀新高，连续 6 年优秀率达到 100%，稳居苏州大市前列，学生学业水平推进率达 100%，全面实现了关注每个学生、发展好每个学生的教育初心。

（苏州国裕外语学校党总支）

"党建+思政"　培根铸魂育新人

2019年3月18日，在学校思想政治理论课教师座谈会上，习近平总书记指出："办好思政课，最根本的是要全面贯彻党的教育方针，解决好培养什么人、怎样培养人、为谁培养人这个根本问题。"为了让爱党、爱国主义思想在每个青藤人心中牢牢扎根，学校坚持把立德树人作为中心环节，将思想政治工作贯穿教育教学全过程，实现全程育人、全方位育人，努力开创学校教育事业发展新局面。

一、建载体，拓展思政教育"微课堂"

学校党支部积极推进育人方式改革创新，通过建好校内思政研修基地，编写校本课程、实用手册等形式，把"最难讲"变成"最精彩"，把"纸上谈"变成"实践行"，从而提升了师生员工的获得感。

（一）建好精神阵地

课堂是学生思政教育的主渠道，校园是学生思政教育的主阵地。为涵育学生家国担当之品格，打造思政教育"第一课堂"，学校聚焦"民族脊梁"钱学森的爱国主义情怀，对接钱学森的成才历程、教育理念、知识结构、人格光辉等内容，建成建好"致敬钱学森"主题教育馆暨苏州市科学家精神实践基地。基地的建成为学校思政教育奠定了坚实的基础。

（二）备足精神食粮

为进一步丰盈校园文化、提升学校文化品牌，学校党支部整理编撰了《青藤夜话——师德师风三省手册》，为增强教师师德师风意识提供了有力的支撑。该手册在张家港市教育系统优秀师德师风手册评选中获得一等奖。此外，学校结合党史学习教育，与张家港海关星火工作室、张家港市政协文化文史委共同编辑出版了《家国担当——党史学习教育系列读本》，为青藤学子们提供精神食粮，在每位学生心田播下了爱党爱国的种子。

二、抓源头，建强思政教育主力军

教师是立教之本、兴教之源，是思政教育的主力军。学校始终坚持党建引领，扎实做好教师的理想信念教育、党性教育、纪律教育及道德品行教育。

（一）用好理论学习的"加油站"

1. 集中学习+理论宣讲

以身立教，为人师表。教师作为人类灵魂的工程师，不仅要教好书，还要育好人，各方面都要为人师表。学校党支部集中开展理论学习，通过解读原著原文、传达会议精神、观看教育视频、宣讲红色故事等形式，充分学习贯彻习近平新时代中国特色社会主义思想及各级各类会议精神，加强党风党纪教育、师德师风教育，进一步提高党员教师的政治素养和党性修养，坚定理想信念、强化宗旨意识、净化思想品德。此外，学校党支部还联合张家港市委党校开展"四史"教育，通过回顾中国共产党浴血奋战、艰苦卓绝、前赴后继带领全国人民站起来的辉煌历程，激励教职员工进一步增强励精图治、奋发图强的历史使命感和责任感。

2. 自我研学+小组学习

广大党员教师充分利用书籍、"学习强国"学习平台开展自我研学行动。为了更好地满足党员教师的理论学习需求，学校党支部立足实际开设"青藤云课堂"，通过举办"云展厅"读书会等形式多样的学习活动，丰富学习内容，打通线上理论学习"最后一厘米"。学习小组的学习形式进一步扩大了党员教师理论学习的覆盖面和参与度，成员们谈体会、谈收获、谈启示，通过人人讲、全员议的互动模式，激发学习自觉、增强学习效果，引导全体教师担当作为、凝聚共识，助推学校教育高质量发展。

（二）用好实境课堂的"感染力"

学校党支部全面启用沉浸式、体验式教学模式，带领党员教师代表走进永联乡村振兴路、农联村村史馆和组织力提升实训基地，深入港城综合展馆、香山烈士陵园、张家港湾、"考古里的长江文明"主题展览馆及"迎冬奥"奥运文化藏品展等实践基地,重温先烈鞠躬尽瘁、死而后已的奋斗历程,感受港城变化的巨大成就,加强爱国情怀,坚定理想信念。

(三) 用好初心使命的"检验场"

学校党支部充分发挥基层党组织战斗堡垒作用和党员先锋模范作用,结合"我为群众办实事"、"两在两同"建新功等主题行动,开展"青藤党员护学岗""我是安全守护员""我为美丽校园做贡献"、奔赴"疫"线强初心等实践活动,用实际行动彰显党员教师的责任与担当,在为学校的进一步发展贡献自己力量的同时,也为青藤学子们上了一堂意义非凡的思政课。

三、传薪火,筑牢思政教育"生命线"

学校全面贯彻党的教育方针,坚守为党育人、为国育才使命,构建"五育融合"发展体系,全面开展思政教育,培养全面发展的社会主义建设者和接班人。

(一) 做好思政教育的聆听者

2021年5月15日,中科院院士薛永祺莅临学校参访讲学,为青藤学子们做了一场题为"我的红外光电技术生涯"的精彩讲座。薛永祺同志身体力行地为青藤学子上了一堂激发自强、创新的励志课、思政课,青藤人感受到了老一代科研人艰苦奋斗、甘于奉献、自强不息、勇于创新的精神。学校党支部把思政搬到"云上",让宣讲就在身边。在思政晨会堂主题活动中,通过直播、录播等线上教育方式,将党的奋斗历程、红色故事、典型人物事迹等内容带进课堂。12期《红色家书》抖音视频的录制大大拓展了思政教育的广度,学校组织广大学生及家长积极收看《红色家书》抖音视频,引导他们从红色经典中感受红色家风背后浓厚炽烈的初心使命,感受信仰所彰显的强大精神力量。家长们所撰写的一封封家书,同样激励着孩子们志存高远,心怀天下,报效祖国。

(二) 做好思政教育的践行者

1. 唱响"思政"

为弘扬红色革命精神,激发学生的爱国主义热情,陶冶学生爱国、爱校的高尚情操,将爱国思政大课融入校园生活,学校党支部先后策划了"青春奋力'十四五'与党同行展韶华"、"唱响祖国·红歌飞扬"大合唱比赛等活动。一系列活动激发了学生对祖国的热爱之情,增强了班级凝聚力和集体荣誉感，营造了健康向上的校园文化氛围。

2. 寻访"思政"

为教育引导广大少先队员通过学习优秀党员先锋事迹，深刻理解并铭记光荣党史，争做新时代好队员，学校党支部组织开展了以"追寻红色足迹 铸就爱国梦想"为主题的大型综合实践活动，通过集体徒步出行的方式，让学生走进黄泗浦生态公园，与大自然亲密接触，体验红色文化，培养实践能力。学校党支部还带领少先队员先后走访了包括"中国好人"王明华、"苏州市劳动模范"张毅在内的优秀党员，通过聆听他们的事迹，进一步践行初心，传承红色基因，继承和发扬党的优良传统作风，进一步引导少先队员牢记历史使命，激发少先队员向优秀党员学习的动力。

3. 诵读"思政"

为了进一步弘扬祖国优秀的传统文化，让学生在诵读过程中获得熏陶，提升修养，激发学生学习兴趣，强化思政教育的渗透力，学校党支部开展"湖畔春光中我心向党""讲述红色故事 传承革命精神"等经典诵读活动，用爱国情怀滋养新时代的少年，让红色基因在常青藤校园相传。

党建工作和思政教育是学校发挥育人功能的两个重要支点，两者相辅相成。学校将继续以党建为引领，将思政教育与课程教学、理论学习相结合，促进思想政治和专业能力的双重提升。

（张家港市常青藤实验学校党支部）

"一带五"帮带 助力成长成才

学生是学校工作的核心,家长是学校工作的后盾,构建和谐文明的校园需要全体教师、学生及家长的共同努力。在学校的党建工作中,学校党支部深入开展党的群众路线教育实践活动,发挥党员的先锋引领示范作用,真正把群众路线教育实践活动的成效转化为服务家长、服务学生的强大动力,切实发挥共产党员的先进性,密切党员教师与学生家长、学生之间的关系,努力使实践活动得到社会认可、令家长满意。

一、品牌简介

学校党支部开展党员教师与学生及家长"一带五"帮带活动：1名党员经常联系5名学生及学生家长,关心帮助学生学习与家庭教育,倾听其对学校、教师及学生学习的意见。帮带学生及家长不仅对密切家校联系、帮助学生健康成长、促进学校的各项工作具有重要意义,同时还有利于树立党员教师服务人民、关爱学生、奉献社会的良好形象。

二、主要做法

自党建品牌创建以来,学校党支部紧扣党建品牌特色,探索"一带五"帮带活动实施方案,不断将品牌建设做实、做细。

(一)确立帮带名单

以班级为单位,对学生及其家庭教育情况进行全面调查,确定本班的"特殊学生"(指学习上暂时有困难或者暂时不能达到自己预期学习目标的学生)、"特殊家庭及家长",认真排查确定帮带对象名单。

学校党支部要建立需帮带学生及家长信息库,根据学校帮带对象的人数及参与教师情况列出结对名单,为每个党员教师分配 5 名帮带对象,并提供帮带对象基本情况信息。针对每年"特殊学生""特殊家庭及家长"都可能流动的具体特点,学校党支部及时统计更新帮带名单,调整帮带对子,保证"特殊学生""特殊家庭及家长"一个不漏,都能得到关爱和帮带。

(二)具体帮带内容

1. 帮带学生内容

(1)做好特殊学生情况分析并制订帮带计划

学情分析。在学期初制订教学计划时进行学情分析,不仅可以为教学内容的取舍、教学方法的选择及教学起点的确定等指明基本方向,还可以使党员教师全面地了解学生;在教学过程中,及时的学情分析可以为党员教师调整和改进当下的教学活动,促进教学的有效生成、提高教学质量提供可能性;而教学之后的学情分析则可以使党员教师知晓教学达成的效果,促进教后反思,并为后继教学的预设与调整提供重要参考指标。

帮带计划。党员教师分析学生学习情况,为学生制订学习方案,并附在帮带记录表后,为学生提供基于学习方法的指导和学科指导,发掘"特殊学生"的潜力和价值,进而逐步提高他们的学习能力。

(2)作业设计"因人而异"

布置作业时应多考虑不同学生做作业时的差异,考虑是否会给"特殊学生"带来做作业的压迫感和畏惧感,尽量考虑学生的实际操作能力,针对不同的学习能力设计不同的题型,布置难度各异的题目。

学校党员彭婧倩同志在给"特殊学生"布置作业时,每天都会单独发给家长一份,强调该生每天重点复习的内容。例如,今天的作业重点要查一查某几个字的掌握情况,家长要重点反复去问这几个字的拼音;布置给该生的是拼音基础卷,而布置给其他学生的则可能是拼音提高卷;等等。对于"特殊学生",布置的作业要基础一些,量要少一些,针对性要强一些,让孩子在拼读中获得成就感。

(3)课堂练习促成长

对"特殊学生"的每一次课堂练习成果都要给予关注,进步的地方及时给予鼓励,以增强其学习信心;薄弱的地方,帮助其分析错误原因,让其学会正确解答。要让学生明白课堂练习就是发现问题、解决问题,不断进步的过程。

（4）高质量线上教学，为学生成长保驾护航

2022年上半年，疫情来袭，苏州全市各级各类学校全部开展线上教学工作，这对于学生来讲无疑是一个巨大的挑战。为了让帮带学生也能跟得上，学校党员教师想方设法展开对学生的观察和研究，不断采取有力的措施，对学生从学习、品德、行为等方面进行帮助，使孩子们快乐地学习、健康地成长。

学校党员张留霞同志在线上教学期间，专门设立每日课前查岗小组长，负责查看学生是否准时进入会议室上课，从而更好地调动了学生上课的积极性，迟到的同学当了查岗小组长后，有了很大的改变。为了更好地提高学生完成作业的积极性，张留霞同志设立了班级学习小组，让各小组根据平时作业完成情况进行比赛，从而大大提高了"特殊学生"完成作业的效率与质量。以上线上教学的小妙招，充分激发了学生的团体意识、自主意识和竞争意识，取得了较好的效果。

2. 帮带家长内容

（1）开设家长讲堂，促进家长对学校教育的服务性

讲堂形式：每月一次家长讲堂，党员教师邀请优秀学生家长结合自己的特长和工作特点，以班级为单位走进课堂。一学期评比一次"魅力家长"并颁发荣誉证书。

讲堂内容：思想教育、诚信教育、孝心教育、生命安全教育、社会公德教育、励志故事、子女家庭教育、心理健康教育、关注生态环境、体验生命成长、提高生存技能、发明创造、文明礼仪、劳动教育、责任感教育等。

（2）突出家访，促进家校了解和沟通，增强感召力

家访时间：党员教师每月至少家访两个家庭，其中留守、孤儿、单亲、残疾、学困、贫困等六类家庭必访。

家访要求：党员教师家访的目的、意义、内容和要求要明确，要增强服务意识、沟通意识、平等意识和责任意识。家访入户，编排好家访路线并确定学生向导。

家访内容：针对学生的家庭状况、在家表现、学习生活习惯、学生的兴趣、脾气性格、人际交往情况等，向家长充分了解，并向家长反馈学生在校情况，引导家长转变教育观念，用科学的方法教育孩子，与家长共商促进学生发展的措施、方法和手段。

（3）党员帮带座谈会，组织帮扶有困难的学生，促进共同发展

会议形式：每月一次，党员教师与帮带家长相聚办公室召开小型座谈会。

会议内容：进行思想、纪律和法制教育，提高家长的认识。创设良好的谈话氛围，对他们进行各种引导。通过典型案例的宣讲，让他们认识到一些不良行为的危害，并告诫他们要让孩子防微杜渐，改正不良行为。及时收集家长的反馈及建议，形成记录表并长期跟踪。

（4）党员帮带拓展，帮扶"特殊学生"培养学习意识

拓展时间：每月一次，由党员教师与帮带家长在学校操场组织"特殊学生"参加素质拓展活动。

拓展形式：围绕吃苦精神、意志力锻炼、感恩心培养、团结力培养、专注力培养等主题，利用各种素质拓展活动，培养学生相关方面的精神意志，并将之运用到学习生活中。对在活动中有优秀表现的学生或家庭，授予"拓展能手"称号并颁发荣誉证书。

三、初步成效

学校党支部通过开展党员教师"一带五"活动，打造明珠学校支部党员教育活动品牌，帮扶薄弱学生和缺乏教育方法的家长，促进学校和谐发展。帮助学生学会学习，树立自信心，增强上进心；帮助家长树立正确的教育理念，端正学习态度，优化家长的教育观念、教育方式和方法，潜移默化地影响学生正向发展；加强家长与教师的联系，引导改善家长和孩子的沟通方式，充分发挥家校合作的作用，使学生的成绩逐步提高，师生关系进一步融洽，学生的文明素养明显提升。

"一带五"党建品牌的创建，使党组织的凝聚力、向心力和创造力进一步增强，党员教师在帮扶过程中也提高了自身的知识、能力和素质。学校党支部以帮带活动为纽带，充分发挥党支部的战斗堡垒作用和党员的先锋模范作用，积极构建学校和谐发展的良好环境，形成了全校上下思想统一、目标一致、奋发向上的良好氛围。苏州明珠学校党支部真正成了党的路线方针政策的践行者、团结和联系家校的桥梁纽带，切实做到了爱校敬业我带头、教书育人我带头、为群众服务我带头、争创佳绩我带头。

（苏州明珠学校党支部）

创新思政教育　推进一体化建设

2022年4月，习近平总书记在中国人民大学考察时强调："青少年思想政治教育是一个接续的过程，要针对青少年成长的不同阶段，有针对性地开展思想政治教育。""鼓励各地高校积极开展与中小学思政课共建，共同推动大中小学思政课一体化建设。"这为在校学生思想教育一体化建设进一步阐明了意义、指明了方向。近年来，在昆山市开发区党工委、昆山市教育局的领导下，昆山市开发区实验学校全体教职员工以学校党支部为核心，联合共青团、少先队，以思想阵地守土有责的使命感、责任感，敢为善为，改革教学育人模式，形成了一系列富有特色的创新性举措，立德树人效果逐渐显现。

一、提高认识，强化做好思想教育工作的政治责任

培养什么人、怎样培养人、为谁培养人，历来是党和国家教育的根本问题。根据习近平总书记的重要讲话精神，学校党支部充分认识到，学校教育必须培养一代又一代拥护中国共产党领导和我国社会主义制度、立志为中国特色社会主义事业奋斗终身的有用人才。学校的各项制度与举措必须让全体教职工更加紧密地团结在以习近平同志为核心的党中央周围，深刻领会"两个确立"的决定性意义，增强"四个意识"、坚定"四个自信"、做到"两个维护"。学校的各项制度与举措必须教育引导学生热爱和拥护中国共产党，立志听党话、跟党走，立志扎根人民、奉献国家。

学校党支部特别重视落实立德树人的主体责任，在工作格局、队伍建设、支持保障等方面采取了多项有效措施。例如，学校根据中共中央办公厅、国务院办公厅印发的《关于深化新时代学校思想政治理论课改革创新的若干意见》相关要求制定实施细则，实施校党委书记思想政治教育工作"一把手"工程，校领导班子率先垂范学深悟透，全体党员教职工按季度交流研讨，确保学原文、悟原理，确保教学主体铸牢理想信念、筑牢思想根基，切实保障思想政治教育工作的"源头清、活力足"。

二、突出重点，积极探索"思政一体化"建设的创新举措

习近平总书记深刻指出："在大中小学循序渐进、螺旋上升地开设思政课非常必要，是培养一代又一代社会主义建设者和接班人的重要保障。"根据教育部等10部门印发的《全面推进"大思政课"建设的工作方案》，学校更新理念、开阔视野，强化问题意识、突出实践导向，推动思政小课堂与社会大课堂相结合，推动各类课程与思政课同向同行。

学校学习整合多方资源，扩展课堂半径，形成覆盖课堂、校园、社会，"点线面"一体的思政大课堂。除了通常的思政课之外，学校要求各科老师将正确的思想意识形态、价值观融入课堂。针对小学生年龄小、思想不成熟但是好奇心强的特点，学校对新入队的少先队员开展"小小红船集体参观学习"活动，在他们幼小的心田播下爱党爱国的种子。针对中学生思想活跃，处于人生观、价值观形成期的特点，学校开展多种实践活动，与学校小学阶段的思想教育理念衔接。例如，参观爱国主义教育基地，在上海中共一大会址体悟中国共产党从"伟大的开端"到"砥砺前行、光辉历程"的艰辛与不易。在青浦参观陈云故居，在昆山科博馆参观"昆山之路"，感受改革开放给昆山经济社会发展带来的翻天覆地变化，充分认识到只有中国共产党才能领导中国，只有中国共产党才能肩负起实现中华民族伟大复兴的历史使命。通过"绿学校园""走进乡村干农活"等活动让学生在实践中认识社会、锤炼意志、积累经验，把爱国情、强国志、报国行融入人生选择和现实行动，为昆山市开发区实验学校的学生构筑精神基石、夯实人生根基。

三、全面统筹，系统推进"立德育人"融入教育全过程

"人无德不立，育人的根本在于立德。这是人才培养的辩证法。办学就要尊重这个规律，否则就办不好学。"在习近平总书记看来，青年学子"人生的扣子从一开始就要扣好"。处于"拔节孕穗期"的青少年，需要在思想上补钙壮骨、固本培元。

学校党支部全面贯彻党的教育方针，将立德树人落实在各科课堂教学之中，渗透到学生生活的方方面面，不断提高广大青少年学子的思想水平、政治觉悟、道德品质。

学校注重在小学阶段启蒙道德情感、在初中阶段打牢思想基础，引导学生逐步形成社会主义核心价值观思想体系。学校深度挖掘中小学语文、历史、地理、艺术等所有课程蕴含的立德树人教育资源。例如，在语文课上结合课本中的内容讲解中国的传统文化，以增强学生的文化自信；结合历史课本中的人物开展爱国主义教育，特别是发掘本土资源，让学生到实地听讲解，开展沉浸式教学，真正做到"润物细无声"。再如，带领学生到千灯镇顾炎武故居实地体验"天下兴亡、匹夫有责"的思想；在苏州范仲淹纪念馆感悟"先天下之忧而忧，后天下之乐而乐"的情怀；等等。

学校还邀请昆山各行各业优秀代表人物、劳动模范等先进代表经常性地进入校园参与德育教学，特别是邀请在疫情防控中"舍小家、为大家"的社区工作人员、医护人员在特别班会上讲述自己的故事，有效增强了德育教学的感染力和说服力。

学校注重学生德、智、体、美、劳的全面培养。比如，在条件允许的情况下，每天保障学生至少有一个小时的户外运动时间，做到"文明其精神，野蛮其体魄"，强化美术、音乐教育，培养学生审美能力，通过多维度育人，全面加强和提高学生的综合素质。

学校党支部引导广大教师以德立身、以德施教，履行好传道授业解惑的职责，在以身作则、潜移默化中促使学生自觉做到"两个维护"、坚定"四个自信"，成为堪当民族复兴重任的接班人。

"合抱之木，生于毫末。"青少年是我国未来的建设者。我们的教育目标就是专心培育这些刚刚发芽的树苗，让他们在思想上进步、在知识上成长。终有一天，他们会成为那些承担祖国建设重任的有用的栋梁。

（昆山市开发区实验学校党支部）

强社团基本建设　扬学校师生"三特"

学校党建工作不仅能引领学校教育教学的常态发展，更能为校园社团建设指明方向。社团建设是展示学校个性魅力与办学特色的重要标志。学校在加强党的建设的同时，促进社团组织融合、机制融合、活动融合、文化融合，实现党建工作对社团工作的引领，让社团工作有政治高度、有责任担当、有规律可循、有落地措施，是全面强化素质教育、提升教育质量、达成"学校=合格+特色""教师=合格+特点""学生=合格+特长"学校建设目标的有效途径。

一、目的意义

在学校党支部的引领下强化学生社团建设，是学校内涵建设的必然要求，也是提升学校品位、加大学校社会影响力、提升学校知名度的重要举措。学校的发展必须加强文化内涵支撑，才能"为有源头活水来"，才能办出有生命力、感召力、影响力的特色学校。因此，加强学校社团建设对学校的整体改革和发展有深远的意义，可以使学校真正成为有品位的学生乐园，丰富学校的文化积淀，提升办学效益，建设富有品牌效应的学校，努力达成"学校=合格+特色""教师=合格+特点""学生=合格+特长"的目标，真正把学校办成社会满意的民工子弟学校。

二、项目举措

太仓市红旗小学重视和加强文化育人，推动育人工作长效建设。学校党支部注重整体性设计和历史性积淀，让党建文化深入环境、精神、制度、行为、专业、课堂、校园等的建设。学校结合民工子弟学校学生的特点，明确

"铭记党恩 放飞童心"的党建主题,营造"党旗扬、嫩芽壮、心成长"的浓厚红色校园文化氛围,以小学生能感知、能理解、能体验的方式,将党建文化渗透到社团校本课程中。学校脚踏实地地深入开展一系列党建品牌创建活动,实现了"三个传承""三个提升"。

(一)传承勇当先锋的品质,提升社团校本课程的开发力

学校党支部以党建品牌建设为动因,强化党员的先进性作用。凡事要求党员起到带头作用,每个党员在各自岗位上要有作为。学校通过强化党员教育、党员管理,树立一批富有先进性、具有代表性、体现时代性的先进典型,建设一支思想政治素质好、本职业务精、作风扎实过硬的党员队伍,充分发挥党员在各个工作领域的领衔作用,在推进学校特色强校、优质学校创建中率先垂范、多做贡献。在党员教师的带领下,全校教师苦练教学基本功,不断提升教科研能力,发挥特长,力争成为教学的先锋,并依照学校特点和学生需求开发了各类社团校本课程,以促进社团活动的有效开展。在抓好学科教育的同时,致力把学生从课堂引向实践,从学校引向社会,从知识引向能力,从接受引向发现,从合格引向特长,不断促进学生全面发展。同时,完善校本文化建设,提升社团校本课程的开发力。

(二)传承勤奋好学的品质,提升学校社团的专业力

学校党支部传承勤奋好学的品质,打造学习型党组织,要求党员教师、骨干教师及社团辅导教师认真撰写学习党的二十大报告等的体会;要求党员教师研读一本教学专著,撰写学习体会,以提升教学艺术。学校采用定期或不定期的专业技能再培训的方式,聘请专业人员为社团提供专业指导,以提升社团辅导教师的学科技能。学校党支部要求党员教师不仅能深入专业研究,还能带领社团学员扎实基本技能,激发其主观能动性。

在课堂教学之外,学科社团让语、数、英的教学走向深入。在深化素质教育的进程中,学校成立了数学兴趣小组、微笑英语及读书会等社团,以提升学校社团的专业力。学校更重视学科知识的传授,重点开设了一些与学科相关的拓展型课程,利用社团活动时间进行传授学习,拓展儿童的视野,丰富儿童的知识储备。

(三)传承勇于创新的智慧,提升学校社团的生命力

学校党支部鼓励党员教师投身教学改革,针对不同家庭、不同年龄的学

生因材施教、因人定学，努力创新课堂教学模式，努力改革教学方法，探究高效课堂。在党员教师的带领下，全体教师开展了多项专题课题研究，举办了多种社团校本交流研讨活动，在课改中不断创新，争做智慧教师，不断提升社团教学的创新性。在社团活动中，学生可以采用自己擅长的方式学习自己喜欢的内容。这样的社团活动有利于促进学生创新精神和实践能力的发展，实现学生学习方式的转变——从被动的、记忆的、个人的学习方式转变为主动的、发现的、合作的学习方式。例如学校成立的科技社团，建立学校气象站，引导学生观察天气，记好日期，分析研究本地气象情况，以更好地为师生服务。科技社团活动有效地培养了儿童的科学精神和创新意识。

校园里的宣传窗、教学楼二楼平台的社团展示基地，各个楼层的走廊及墙面，各个班级的教室、社团活动室，都是学生社团作品展示的舞台，这里的每幅字、每张画、每件作品都在快乐地诉说着它的经历和幸福。每学期末，学校各类社团都会参加市、县有关部门举办的文艺会展和学校举办的校园文化节等活动，让家长、校领导和社会对一学期的社团活动成果进行检阅，让更多的孩子体验舞台的精彩、成功的喜悦、成长的蜕变，以此提升学校社团的生命力，让社团教育成为发展学生特长的有效阵地，让社团组织成为学校的一道风景线，让社团组织有效促进学生全面发展，让社团组织成为对外展示的窗口。

三、项目启示

1. 保证计划的落实，促进学生全面发展是学生自身的要求，是家庭的热切期盼，是学校教育的目标，是全社会的要求。学校成立"一校一品"工作小组，分工明确、责任到人，对学校"一校一品"的正常开展与开展进度进行监督调控，以保证工作目标的完成。

2. 关于开展"一校一品"工作的费用，按上级要求，学校有相应安排，以确保此项工作的顺利开展。

3. 建立相应的考核机制，把"一校一品"工作纳入教师绩效考核的内容。

4. 把"一校一品"工作纳入学校三年发展规划。学校的"一校一品"社团特色建设不仅使学生的个性得到了最优化发展，而且也为学生的健康快乐成长及其终身发展奠定了良好的基础。

今后，学校将持续不断地拓展党建的途径和形式，加强党的文化内涵建设，充分发挥党员教师在教育教学改革中的先锋作用，焕发党组织的活力，牢固树立"品牌立校、品牌强校、品牌兴校"理念，明确学校发展目标，以学生全面发展为根本，根据学生实际，促进其在传承中不断地提炼和发展，努力使学生成为中国特色社会主义事业的建设者和接班人，使学校成为学生受益、家长满意、社会称赞的民工子弟学校。学校一定以"一校一品"特色建设为契机，抓住机遇、开拓创新、踏实工作，在未来几年中让学校不断提升办学品位、形成办学特色，成为一所民工子弟品牌教育学校。

（太仓市红旗小学党支部）

加强课程思政建设　推进学校健康发展

中共苏州德威外籍人员子女学校党支部是成立于 2019 年 11 月的新建基层党组织。虽然支部目前只有 17 名在职党员，平均年龄也只有 34 岁，但这些年轻且有朝气的党员大多在两所学校（即苏州德威外籍人员子女学校和苏州工业园区德威联合书院）的一线从事教育教学工作。根据《中共中央办公厅印发〈关于加强民办学校党的建设工作的意见（试行）〉的通知》（中办发〔2016〕78 号）的文件精神，学校党支部及其成员正充分发挥党组织引领作用，牢牢把握社会主义办学方向，在学校德育和课程建设等诸多方面发挥着积极的作用。

一、通过党建专项提升研究发现问题

（一）坚持问题导向

根据《关于在苏州工业园区教育系统开展基层党建专项提升行动的指导方案》（苏园教党字〔2022〕15 号）文件的具体工作部署，学校党支部坚持问题导向，对照省、市、区"五聚焦五落实"和苏州市委"基层党建提质增效年"要求，针对支部所在两所学校的情况，通过支委会议和支部大会研讨等方式对支部党建工作进行了自查与综合研判，针对国际化学校中党建工作存在的问题形成了问题清单。

（二）明确存在问题

作为在国际化学校建立的民办学校党支部，我们意识到在各项工作中还不善于从政治大局上判断形势和解决问题，在平时工作中尚未能在宗旨意识、群众观念上保持高度清醒的政治自觉。特别是支部党员对上级决策部署的理解还不深、不透，在政策规定的落实上站得不高、看得不远，对意识形态领域斗争的复杂性和严峻性重视也不够。在实施国际化课程的过程中对我国独特的文化传统、历史命运、基本国情也没有进行更加深入细致的研究。

（三）探寻问题根源

党支部在明确问题的同时积极探寻问题根源，支部成员普遍意识到问题的根源主要在于两所德威学校作为国际化教育的窗口，虽然在推动教育国际化、引进先进国际课程方面成绩突出，但在抓政治思想教育方面存在着不够到位的情况。对于政治思想教育的开展方式、时间安排等都没有做到很好的研究和落实，尤其在学生课程实施方面还存在政治思想教育浮于表面的情况。

二、通过思政课程建设突破发展瓶颈

（一）形成普遍共识

针对自查和综合研判过程中反映的突出问题，学校党支部通过主题党日活动认真进行了研究分析，特别是在研究学习了中共中央办公厅、国务院办公厅《关于深化新时代学校思想政治理论课改革创新的若干意见》文件精神后，支部党员们普遍认识到：实施高中段国际课程项目，必须坚持以习近平新时代中国特色社会主义思想为指导，落实立德树人根本任务，为处于"拔节孕穗期"的青年学生的世界观、人生观、价值观打底塑形。

（二）确立行动方案

苏州工业园区德威联合书院自2012年成立以来，积极引进A Level国际高中课程，让中国学生能更好地从中国国家课程中汲取精髓并顺利地过渡到国际课程的学习，帮助他们走向世界，在世界舞台上和人生旅途中创造积极的影响。A Level课程由于是国外不少大学的预科课程，在全面贯彻党的教育方针、充分发挥思政课的主渠道和主阵地作用等方面明显存在不足。为全面推动党的创新理论进教材、进课堂、进头脑，解决好培育什么人、怎样培养人和为谁培养人这个根本问题，学校党支部决定通过党员队伍的带动来促进思政课程在A Level课程学习中的统整融入。

（三）成立研发小组

学校成立了苏州工业园区德威联合书院思想政治课程研发小组，小组组长为党支部书记费建华，小组成员包括一线的党员教师、思政课相关教师和课程研发负责人。为了让思政课更好地融入现有国际课程，并通过学生容易接受的课程实施方式来开展思政课教学，学校还积极聘请西交利物浦大学的课程研发团队给予课程研发的支持。经过数月的研究和撰写，形成了特色鲜明的双语思政课程教学方案。

三、通过统整融合实践

（一）形成课程亮点

学校党支部根据《苏州市关于加强高中段国际课程项目思政课程建设的意见》（苏教外〔2020〕12号）文件精神，基于高中国际课程项目特点和学生实际情况，研究分析了现有普通高中"思想政治"课程人教版教材的内容。课程研发小组重点分析了30课时的核心模块和20课时的拓展模块，将政治、文化、经济、道德教育及跨文化适应能力等作为课程的主要内容，统整入现有的国际课程框架。

（二）认真借鉴学习

学校党支部引领课程研发小组充分借鉴兄弟学校的思政课程实施经验，组织中外课程研发团队考察了江苏省苏州中学园区校和上海七宝德怀特高级中学等学校的思政课程开设情况，以及国际课程融入思政教育的途径与方式。为了将思政课程更好地融入现有国际课程框架，学校还聘请西交利物浦大学的双语课程研发团队与本校团队共同合作，组成中外融合的双语思政课程合作研发小组。小组克服疫情带来的各种困难，利用线上方式进行互动交流，形成了科学合理的课程实施方案。

（三）形成双语课程

在学校党支部的引领下，中外课程团队通力合作，形成了苏州工业园区德威联合书院思政课程方案。该课程为中、英双语授课，课时融入现有国际课程的中外人文、经济学等课程。课程探讨了公民的权利义务、民族和宗教、中国特色社会主义、坚定理想信念等主题。全套课程采用线上和线下相结合的混合式教学方式进行教学，并配套了包括课程录像在内的课程资源和双语教师参考教案，以便中外教师合作教学。灵活多样的授课方式和积极互动的学习讨论让思政课教学受到了学生的普遍欢迎，并推动了学生综合素养的提升。

苏州工业园区德威联合书院的高中国际课程思政项目建设始终在学校党

支部的引领下开展实施。项目从立项到实施全程都有学校党支部和党员教师积极参与。整个课程的研发和实施充分体现了党支部的战斗堡垒作用，为提升高中段国际课程项目思政教育的针对性和实效性，培养有家国情怀、国际视野、知行合一的社会主义事业接班人做出了应有的贡献。

（苏州德威外籍人员子女学校党支部）

融融乐园　美美成长

秉承苏州市同源幼儿园二十多年来"把最美的给孩子"的特色办园理念，围绕"课程游戏化背景下融姑苏文化的幼儿园美育课程建设"的发展主心骨，苏州市同源幼儿园行政办和党政办决定联手全面打造"融美"园本课程品牌。

苏州市同源幼儿园园本课程的特色与创新点在于："融"特色党建工作和幼儿园课程建设为一体，"融"幼儿园行政办和党政办管理为一体，"融"教师团队和全体幼儿为一体，"融"特色思想政治学习于师资团队建设中，打造"美"的党建工作和园所品牌。

在两办融管、支部牵头、党员带头、党工团联动、师幼互动的"1+2+2"创新机制下，2020—2021学年，幼儿园围绕"融美"课程品牌建设主题，从教育教学、课题研究、师资培训、环境创设、区域游戏、特色活动等六个方面展开工作。

一、突出一个主题，创立品牌新形象

基于尊重孩子、真爱孩子、"把最美的给孩子"的办园理念，2022年秋季学期苏州市同源幼儿园以"课程游戏化背景下融姑苏文化的幼儿园美育课程建设"为主题展开了一系列重要活动，在两办融管、党支部牵头、党员带头、党工团联动、师幼互动的"1+2+2"创新机制下，创立了"融美"园本课程品牌，让同源幼儿在融融的乐园里美美地成长。

二、开展系列活动，打好品牌"组合拳"

2022年秋季学期，同源幼儿园从教育教学、课题研究、师资培训、环境创设、区域游戏、特色活动等六大方面展开了系列活动,打好"组合拳",以全面打造"融美"园本课程这个新品牌。

(一) 党员带头示范观摩大教研活动

幼儿园党支部从副书记到预备党员,个个领衔一学期一次的大教研活动,展示学前教育专业基本功。党员们以原创主题的示范观摩去激活园本课程,在职教师在"姑苏文化经典"和"多元文化融创"组别的教学比拼中,历练了自我成长,激发了幼儿探索世界的欲望,让幼儿在玩中学、在学中乐、在乐中长。

(二) 党支部特色思想政治学习吹响号角

在党政办、行政办"融"管理的理念下,幼儿园党支部推出了头脑风暴、专题讲座、小组议讨、案例分享等多种形式的思想政治学习活动。这类活动一改以往的"一言堂"讲座风,激发了党员教师的开拓性,加强了幼儿园的师德师风建设,活跃了教师的思维力,凝聚了团队力。幼儿园党支部每月一次的特色思想政治学习正是以这样创意而又多元的形式在师资培训中吹响了号角,目前已开展了7次主题活动:如何做到"把最美的给孩子"——基于美育教育的"外在美"和"内实力";塑造幼师魅力言行·提升民办园潜在宣传力——基于《中小学教师职业道德规范》的笃行;《幼儿园教师专业标准(试行)》之"教育活动的计划与实施"解读;"融美"课程之"慧读专业书"读书沙龙活动;"家园共育·融美合作"过招会活动;榜样的力量——学雷锋主题党日活动;礼仪的力量 幼师的魅力——礼仪教育主题活动。

(三) 融姑苏文化的环境创设和区域观摩评比

为了实现文化自信从娃娃抓起,幼儿园围绕户外环境的资源利用和室内环境的改造,进行了融姑苏文化的环境创设和区域观摩评比。内外环境的设计都是基于幼儿视角,区域游戏的开设与材料投放都与幼儿的"最近发展区"相吻合,一系列措施有效落实了课程游戏化理念。

(四) 师幼共创"秋之蜜果""红红火火过新年"系列特色活动

"两操一歌·歌舞涌动"创意演绎同源律动早操的传统节目,党工团联动组织、师幼共创的多元节庆活动、亲子运动会、"小舞台大梦想"、新园歌展示比拼等彰显了爱国情、家乡情、乐园情、亲子情,是体现园本课程特色的"融美"之旅。

(五)党建100周年系列活动——"童创未来 圆梦百年"和"童心向党·红色经典润童年"

2022年秋季学期,苏州市同源幼儿园参加了中国发明协会学前创新教育分会的"童创未来 圆梦百年"儿童创意成果展示交流公益活动,党员、教师、幼儿、家长都可以参与的《致2049年自己的一封"信"》活动,以及"中国娃娃好创意"活动,等等。5月底,幼儿园还开展了丰富多彩、节目形式不限的"童心向党·红色经典润童年"红色经典诵读活动。此课程一经推出便得到了部分专家、领导的认可和赞扬,接下来苏州市同源幼儿园将有更多的系列活动推出,以党建工作引领和推进"融美"课程品牌建设。

(苏州市同源幼儿园党支部)